南海　黃垤華岱峰　編著
開平　潘熹玟群合　圖錄

香港輿地山川志備攷

何幼惠署

屏山區　輞井編
屏山區　沙江編

香港輿地山川志備攷

【屏山區】輞井編・沙江編

作　者　黃垤華
圖　錄　潘熹玟
責任編輯　張宇程
書籍設計　趙穎珊
出　版　商務印書館（香港）有限公司
香港筲箕灣耀興道三號東滙廣場八樓
http://www.commercialpress.com.hk
發　行　香港聯合書刊物流有限公司
香港新界荃灣德士古道二二〇至二四八號
荃灣工業中心十六樓
印　刷　美雅印刷製本有限公司
九龍觀塘榮業街六號海濱工業大廈四樓 A室
版　次　二〇二一年四月第一版第一次印刷

ISBN 978 962 07 5871 3
Printed in Hong Kong

【目錄】

自序

本書取材原出於《香江健行社採訪冊》。昔年參與野外考察諸君，將累積之問卷與紀錄輯存，編訂成冊，以供查閱。其後該社解散，眾議將《採訪冊》連同閱覽室中大量輿圖、書本、剪報、雜誌等，授余妥為收藏，並作整理。余乃據《採訪冊》及問卷所載資料為底本，參閱大比例輿圖，並配合實地考察，撰述專著兩部，一為《香江山川圖志》，一為《香港水域航行脞錄》，前者為陸上所歷，後者為海中所見，除禁區外，幾已覆蓋全境。

曩者蝸居嘗歷數次遷徙，紀錄亦略有散失，其所缺佚者，惜難以彌補，尚冀同道君子，能繼起而賡續之。竊思世事蹉跎，陵谷滄桑，有景觀地貌，久經巨變，已多所堙滅，不可復覩，而兩書亦酌舊參今，予以錄入，有則書之，無則缺之。往事如煙如縷，唯供讀者緬懷疇昔，發思古之幽情耳。

《香江山川圖志》後加入《香港輿地志》，二者合併後，改題作《香港輿地山川志》，再又更名，改作《香港輿地山川志備攷》。原撰書序，寫於甲子季秋（一九八四年），稿本未刊。蓋余性好漫遊，數十年於斯，從無間斷，故資料之搜集，亦未嘗或歇。是以修訂不懈，內容尚待釐定，方能付諸剞劂。顧書中所述，皆關乎香港本境之歷史與地誌，積累二十餘年之搜羅與彙集，初以港英官方之《香港九龍新界地名志》為藍本，而正其舛誤，補其遺缺，下限迄於八〇年代初。書稿數易，編纂既成，惟此後社會發展迅速，移山填海，大事開闢，地貌改觀，瞬息萬變，自非余書內容之所能及。雖然，余書所紀，亦有其可保存之價值，尤以足資考證地名演變者為多，其於專治香港歷史、輿地之學人，亦實有裨焉。然則本書可存於世也，固其宜矣。因倣清人張澍《涼州府志備攷》之例，易以今名。

《香港輿地山川志備攷》原書全二十五卷，每卷分為兩部，前為《輿地志》，後為《山川志》，專為彙集本境以內之地名，而鄉村郊野之土名，與堙沒不彰之舊名，尤為着重於保存與發掘。故內容所涉所述，項目不宜龐雜，亦不作繁瑣考證。《輿地志》方面，包括〔聚落地誌〕、〔人工建築〕、〔野外地誌〕三項；《山川志》方面，臚列〔山嶺埡口〕、〔河涌溪澗〕、〔周邊海岸〕、〔鄰近島礁〕四項，由是而各區之地名，大致皆能賅備，涵蓋在內矣。至於無關之擬名、諱名等，則概不列入，以免繁複而生紊亂。夫如是，各區之地理概況及山川風貌，皆得以瞭如指掌。昔日香江健行社仝人，嘗將香港、九龍、新界全境，分成二十五區，用作野外考察與探索，及資料整理與收藏。《香港輿地山川志備攷》因之，亦釐為二十五卷，以相配合，方便取材。書成，嘗欲作局部刊印，因缺於資，而素願未償。舊稿蓄諸高閣，積存既久，日月逝矣，邇來友儕敦促，謂須急授手民，應陸續版行，以存著述。余曰：「諾！」今此本乃自原書卷十六《屏山編》輯出，抽取其中之『輞井』、『沙江』兩區，先付梨棗，以嚮同好。顏曰《屏山區輞井沙江輿地山川志備攷》。至於《屏山編》中，原分五區，尚有屏山、廈村、白泥三者，資料甚豐，因慮篇幅弘多，均未及刊出，唯俟諸異日可也。

茲編所用地名，一律以當地居人前輩沿用者為主，即俗稱之土名。至若旅行人士所擬之名，間或摘錄一二。第以是類『地名』，良莠不齊，駁雜無章，況失所憑依，必流之於濫，蠡酌管窺，向已為有識者詬病，哂之固其然也！由是而僕乃有《海隅辨言》之作，藉以匡正其謬。而『唐夏寮』之說，亦屬此類。倘真相不明，誇炫立異，於學何益？故俾世人週知，其信口雌黃，譁眾誤導之弊，究為何如也！余豈好辯哉？矧余非彼界中人，為免竄亂吾文，故弗取焉。如是固知「蟹洲非綠蛋，五鼓非掌牛，矮坳非良田，深滘非新舅。」凡斯種種，可見其與正名之間，多所抵觸；若憑之與土著溝通，指話山川風貌，則談何容易？是以彼輩於鄉井里巷之間，亦難作更深一層之咨訪，宜乎非屏棄其糟粕不可矣！須知先代所稱之『土名』，實乃方隅之史料，有助於考訂事蹟風土，亦屬文化遺產之一部，若不加以薈集保存，則物換星移，歲久必流於堙沒也。今將《龜山及唐夏寮匡謬》一篇，自拙著《海隅辨言》中輯出，置於卷末，以供省覽，亦可見自圓其說之『妙』有如是者。

又書中內容，凡所收集之資料，若遇坊間書刊或網頁中可見可查者，皆盡量減少採用，以免輾轉重複，或易招致拾人牙慧之嫌，且毫無新意，老生常談，亦不足觀！反之，凡不見於他書或不詳於一般文獻載錄者，則必詳加敍述，知無不言，言無不盡，但願能與讀者諸君共享，增廣見聞，有所獲益。須知治學之道，貴乎明辨真理，故余所執管見，或與他人思維相抵牾，然亦無傷大雅，孔聖不云乎？「君子和而不同」，他山之石，互勵切磋而已矣。

二〇一八年四月，嘗偕潘熹玟女史，兩次訪碑於錦田，此乃清康熙五十六年（一七一七年）所勒之《高步橋碑》。該刻原立於錦田河高步橋畔，歷時既久，碑字漫漶，無人知悉，而《嘉慶新安志・藝文志》亦不載，是故一九八六年香港博物館編印之《香港碑銘彙編》，亦付闕如。逮二〇一七年十一月，錦田鄉事委員會暨青年中心開幕，編印《誌慶特刊》，書中古蹟欄中始提及古碑重現，余方得知此事，乃與潘女史約，決意前往一觀。既至厥所，乍覩此碑，但覺石面模糊，僅零星數字尚可辨識耳。後蒙鄉人協助，借出椅櫈，得以就坐，仔細觀摩。歷時六句鐘乃止。既歸，余即撰文以紀其事，並將碑序之格式錄出，包括已得知之碑字等，一併載入拙著《香江方輿稽原略》卷九中，今將全文輯出，附刊於本書之末，以就正於高明。

至於本書《圖錄》，包括地圖、對景圖、照片等，均屬內容重要之組成部分，其編製全出潘熹玟女士之手，與正文方面，相互發明，可謂相得益彰者矣。

承蒙來復會何幼惠會長、會友陳卓學長，為本書題籤，謹致謝忱！

二〇二〇年庚子歲季冬之月，八八叟樵嶺布衣黃垤華岱峯識於師堯堂。

沙頭角海
紅花嶺
吉澳洲
豬頭洲
大鵬灣
東平洲
蛾眉洲
吊燈籠
往灣洲
赤洲
橫嶺
跌死狗
黃嶺
八仙嶺
九龍坑山
船灣海
赤門
海下
塔門洲
大籃蓋
大灘海
大埔
大埔海
蚺蛇灣
石屋山
蚺蛇尖
短嘴
企嶺下海
赤徑
長嘴
城門坳
坳背環山
馬鞍山
瀝源海
大浪灣
大枕蓋
北潭涌
尖山峒
大環
西灣山
沙田
西貢
黃牛山
橋嘴洲
浪茄
虎頭山
（獅子山）
白沙灣
滘西洲
糧船灣洲
赤望山
（飛鵝山）
鷓鴣山
伙頭墳洲
吊鐘洲
橫洲
大上托
九龍
牛尾洲
沙塘口山
火石洲
雞婆山
釣魚翁
大嶺峒
中門
鯉魚門
佛堂洲
大環頭
香港島
筆架山
飛鵝嶺
蜈蚣嶺
馬塘山
佛堂門
果洲
高峒山
南望山
南堂
（東龍洲）
雲枕山
赤峰山
鶴嘴嶺
赤柱
宋羗
橫瀾
螺洲
蒲臺

#【香港全圖】

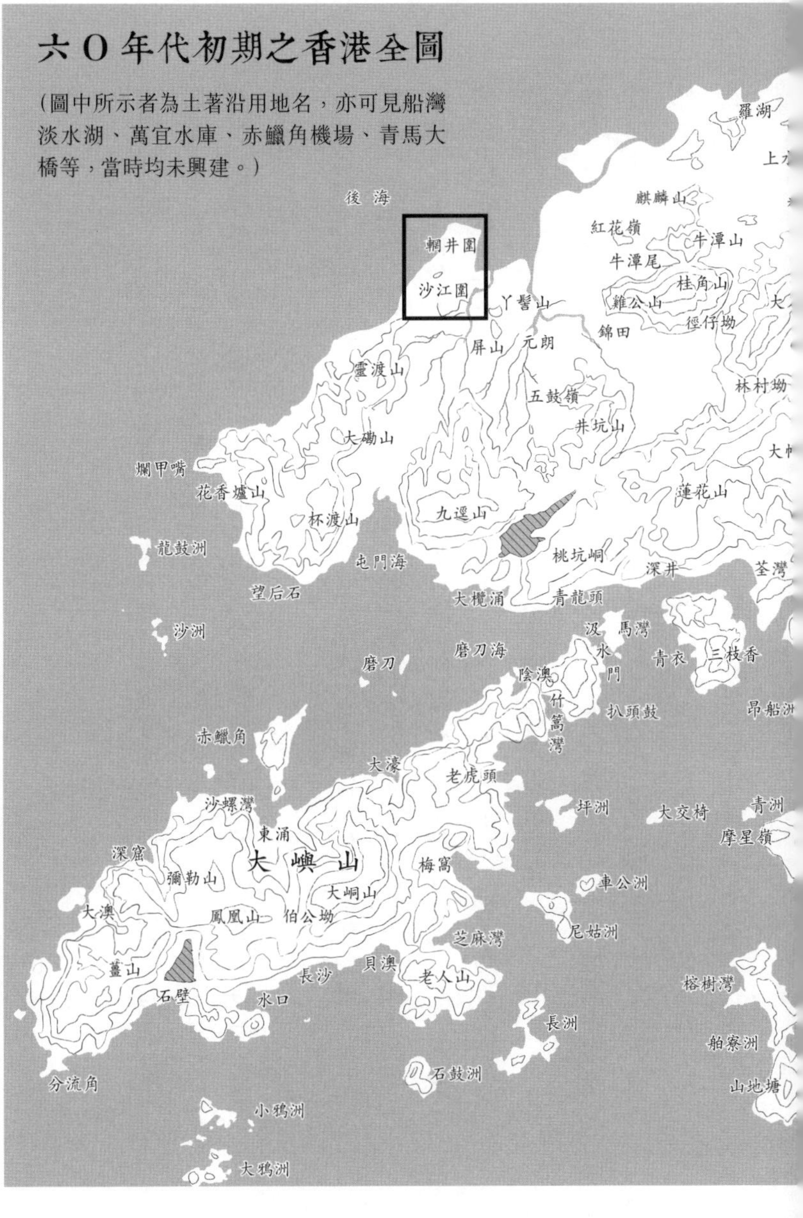

六O年代初期之香港全圖

(圖中所示者為土著沿用地名，亦可見船灣淡水湖、萬宜水庫、赤鱲角機場、青馬大橋等，當時均未興建。)

凡例

一、本書採用之山嶺、河川等地名，均來自拙著《香港輿地山川志備攷》卷十六所收錄之資料，此皆為昔年造訪原居民詢問所得，先紀錄入《香江健行社採訪冊》，後經整理編纂成書，故甚屬珍貴。今凡遇原書有錯漏處，亦一併為之增補或訂正。

二、地名含義，有可解者則述之，不明其故者則略之，寧付闕如，不作曲解。有時就詢於鄉先輩，亦會茫然莫知所對，但云先世所稱如此，後代繼之，相沿於今弗替，不悉其命名之所由云。至於旅行人士所擬之稱謂，林林總總，然究非當地先民前輩所命名。亦嘗遍訪土著居人，均未聞有是稱者。拙著乃言輿地之書，此皆非範疇所及，因拘於體例，一概不予收錄，以免混淆。

三、地名有雖經多次咨詢、仍未查明或確知其實際方位所在者，均於地圖中以括號加注『概位』(*Position Approximate*, 簡作 PA) 及『疑位』(*Position Doubtful*, 簡作 PD) 於地名之旁，以資識別。此皆經多次問訊，及實地採訪，始獲知之，得來不易，為免堙沒，故特予以保存，仍標其名於圖中，以俟來者之探索與考夥焉。

四、書中所述地名，或有異於當今通行使用者，此實不足為奇，蓋本書乃收集與傳承前輩所應用之原有地名。其中或已另更新名，或部分現已棄而不用，又或其名已逐漸消失，堙沒無聞，不顯於當世。凡斯種種，現均逐一予以薈集，雖失落者不可復原，但仍有其保存之價值。此對鑽研地名之學人，亦可提供參考與探索之資料，故視之為『地名史料』一類亦無不可。

五、凡著者所撰有關香港境內輿地著述，書中所收地名，除市區街道仍保留有英式地名外，其餘境內山川地誌，原有土名者，均盡量恢復其本稱，全以中名為主，務求去其殖民化形式，但仍以括號注出其西名，俾讀者可用作相互參照及查考之助。如城門坳，不作『鉛礦坳』；下環坳，不作『馬己仙峽』；爛泥山，不作『渣甸山』；煙墩山，不作『筆架山』；西環，不作『堅尼地城』；石塘嘴，不作『卑路乍角』等，皆為其例也。

六、《香港九龍新界地名志》（*A Gazetteer of Place Names in Hong Kong & The New Territories*）、《港九地名志》（*Hong Kong Gazetteer*）、《香港新界土地之使用》（*Land Utilization of Hong Kong & The New Territories*）、《中國海航導》（*China Sea Pilot*）諸書，均為英文本，故凡所徵引者，各條均意譯為中文，以便閱讀。

七、凡採以徵引或參照之圖籍，皆為著者師堯堂書室藏本，故能一字不易，照錄原文，以存其真；引文有節錄處，以『……』號表之。若非經眼之書，則不敢貿然轉引；如偶有採納，必一律註明出處。凡徵引之典籍及各類輿圖，均可於卷末開列之《參考文獻》中稽之。古籍及文史之書，皆註明卷數及版本等，使讀者易於檢尋。至於用以參考之典籍，或徵引，或訂譌，務使言必有據，信而有徵。

八、本書引用之參考輿圖，均為著者師堯堂所珍藏，亦可於卷末參考文獻之《關係輿圖》中稽之。此類地圖皆屬精測之大比例等高線地形圖，其中以《香港地圖》GSGS3868（1:20,000）系列及《香港地圖》GSGS L8811（1:25,000）系列之山峰高程數據較多，故本書用以作依據，並逐一出注說明。若無標高者，方採取其他系列地圖或海圖之有者以作補充。又或是英制者，則一律改成公制。在《香港地圖》GSGS3868（1:20,000）及《香港地圖》GSGS L8811（1:25,000）兩系列之內，本書所述之輞井區與沙江區，均收錄於第十幅中。此套地圖印刷精美，自然地貌（*physical feature*）清晰，能令人一目瞭然，絲毫不爽，更可明確表達該區之地貌實況，較之現今坊間通用之《香港地圖》HM20C（1:20,000）系列，確有過之而無不及也。

九、山高水深，海陸距離，全部以公制為單位。若所據資料，其來源為英制者，均一律換算，以求統一。又本書為直排，故所用數目，均以漢文為主，不採阿剌伯數字，若在註釋中徵引外文時，方作例外處理。

十、山嶺之高程及地名方格網等數據，以及徵引之輿圖系列等，均於注文中逐一列出，不與正文相混，以清眉目。

十一、本書以正文為主，註文為輔。顧二者實相因相承，是以博引旁徵，不厭其詳，務求賅備，使有關資料，相互連貫，幸覽者勿誤以枝蔓而漠視之。其或未備，則付闕如。

十二、為配合正文敍述，書中有附圖多幅，包括地圖、對景圖及照片等，此皆為潘熹玟女士繪製，可供讀者參考對照，按圖索驥，瞭如指掌。

十三、本書底稿乃五十餘年前舊作，當時應用傳統方式，以淺白文言體寫成，為保存原著面貌，大致不作任何改動。雖後來或有所增訂，而文體亦一仍其舊，以求劃一。

十四、本編據《香港輿地山川志備攷》原書所收資料，至八〇年代初止，迄今已逾四十餘年。溯自七〇年代始，港英當局相繼推行新市鎮計劃，於新界地區撥地發展，進行規模較大之開闢工程。以後本境回歸中土，不覺又歷廿餘年，是故其間山河變易，地貌改觀，已非原書所能涵蓋，而余等仍維持野外活動，繼往開來，考察不斷，資料亦續有所得，仍擇其有可紀者，增訂載入書中，並新闢『補錄』一欄，繫於有關各條之末，收錄之以作賡續，此皆為原書所無。

十五、粵語方言獨特，保存古詞、古義較多，對古漢語之研究，有其一定之價值。粵方言詞，乃先輩所刱，而普通話無之。本書地名，亦多特殊用字，如「嵴」、「⿰石逹」、「氹」、「𠮨」、「嘊」、「冚」、「冧」、「輋」……等是，今人於通用多以同音叚借。在本書中，若遇有音無字者，方用同音字或近音字代之。

十六、地名索引見於卷末，以「四角號碼檢字」排列。至若西名之有特殊稱謂者，則另列一表，並繫以中名，相互參照，以便檢索；若為中名之音譯者，則一概從略。

十七、本書編纂，曾參閱國內出版之各種地名志，尤以廣東市縣者為多，總覽諸書內容，大概包括：政區聚落、人工建築、企業地名、文化地名、歷史地名、自然地名等。本書為求精明扼要，去繁從簡，僅選取其中可適用於敍述本境者而加以變通。《輿地志》方面，選擇兩項，即〔聚落地名〕與〔人工建築〕，而加入〔野外地誌〕一項。《山川志》方面，僅選擇〔自然地名〕一項，包括山嶺、河川、海岸、島嶼等。如此實已覺足夠。至於歷史方面，對名勝、古蹟、碑刻、墓誌及已廢置不存之建物等，均可繫於有關之各條目中詳述之，蓋本書乃保存香江舊事之作也。近三、四十年間，香港本境發展迅速，而坊間書刊及網頁資料已多所記載，且汗牛充棟，隨時均能查閱稽考，自不待余徒費唇舌矣。故凡企業、農場、工廠、街道以及新建之屋邨、豪華之私宅等，本書概不列入，以免繁瑣，幸勿以守舊棄新而為譏議也。

十八、著者學識譾陋，譌舛罣漏之處，在所難免，尚祈高明賢達，匡予不逮，實所祈望焉。

【附錄】

《香港輿地志山川志備攷》及《香港水域航行脞錄》兩書內容簡介：

（一）《香港輿地志山川志備攷》

師堯堂藏藁本，未刊，尚待修訂，局部抽印本，曾於一九八六年刊行，惟印數不多，僅約三十餘冊，分贈友好。本書即據卷十六《屏山編》以為藍本而寫成。簡介已載書末《參考文獻》中，茲不贅引，僅列其目錄如下：

原書簡目

卷一　香港本島
卷二　九龍
卷三　沙田
卷四　西貢以南（西貢卷上）
卷五　西貢以北（西貢卷中）

卷二三　長洲及鄰近諸島
卷二四　舶寮洲
卷二五　蒲臺諸島
卷末　雜錄

（二）《香港水域航行脞錄》

師堯堂藏藁本，未刊。一九八〇年秋，曾以抽印選本若干冊，餽贈同遊諸君子共享。《書序》撰於一九八〇年春，現節錄其文，載於本書卷末《參考文獻》內，可參閱。

此書原為三十三卷、卷首一卷、卷末一卷，共三十五卷，後調整為今本，適符舊本卷數。

原書簡目

卷首　概説
卷一　沙頭角海（Starling Inlet）
〔南部〕長排頭至鹿頸、〔北部〕鹿頸至沙頭角碼頭
卷二　吉澳海（Crooked Harbour）吉澳海諸嶼：

卷三　〔東部〕吉澳洲、〔西部〕長排頭至西流岡）

印洲塘（Double Haven）印洲塘諸嶼

〔北部〕吉澳洲南岸、〔東部〕橫門、橫門口至大洲肚角、往灣洲東岸、直門頭、籮箕灣西岸、〔南部〕往灣洲西岸、〔西部〕紅石門至三椏灣

卷四　大鵬灣（Mirs Bay）

獨牛洲、黃茅洲、長嘴至短嘴、短嘴至蚺蛇灣、蚺蛇灣至高流灣東岸、塔門口、塔門洲東岸、弓洲、赤洲東岸、赤洲口、大赤門、木筏澳、豬頭洲、東平洲

卷五　大赤門（North Channel）

赤洲西部、塔門洲北岸、黃竹角海、黃竹角海南岸、往灣洲南岸、黃竹角嘴至紅石門海下、烏洲仔、烏排

卷六　大灘海（Long Harbour）

〔東部〕塔門洲西岸、高流灣嘴至狐狸叫、〔西部〕棺材角至龍眼角、高塘口、東心淇至高塘叾、赤徑口、狐狸叫至赤徑叾

卷七　赤門（Tolo Channel）

〔北部〕鳳凰笏至伯公嘴、〔南部〕昂灣嘴至串螺角嘴、串螺角嘴至白沙澳海下

卷八　大埔海（Tolo Harbour）

〔大埔海北岸〕大埔舊墟至伯公嘴、馬屎洲東岸、〔大埔海南岸〕烏溪沙嘴至赤角頭、〔大埔海西岸〕大埔舊墟至樟樹灘

卷九　大埔海中之內海

〔瀝源海〕（Tide Cove）馬料水至烏溪沙、〔企嶺下海〕（Three Fathoms Cove）西逕至深涌灣、三杯酒、烏洲、圓洲仔、〔船灣海〕（Plover Cove）船灣海概述、船灣海西部、馬屎洲西岸、鹽田仔東岸、羊洲、〔附錄〕舊船灣海（船灣淡水湖沿岸）

卷十　西貢以東海岸

長嘴至鎖匙門、糧船灣洲東岸及附近諸嶼

伙頭墳、橫洲、穩氹山（火石洲）、沙塘口山

卷十一　糧船灣海（Rocky Harbour）

滘西洲東岸、吊鐘洲東岸、糧船灣洲西岸、匙洲、七星排（Victor Rock）

官門口至元五墳（今萬宜水庫南北岸）

卷十二　西貢海（Inner Port Shelter）

〔北部海岸〕大環角至亞公灣、〔西部海岸〕大環灘至西貢孖、〔南部

卷二二　大嶼山以東海域一
〔南部〕拐石嘴、扒頭鼓、竹篙灣
汲水門　鹹湯門　雞踏門　青衣門
卷二三　大嶼山以東海域二
〔北部〕青龍頭、深井、汀九、油柑角、禾笛壩、荃灣、垃圾灣
竹篙灣至銀礦灣
卷二四　大嶼山以東海域三
銀礦灣至二塱角
卷二五　大嶼山以南海域
二塱角至石欖洲、索罟諸島
卷二六　大嶼山西南海域
石欖洲、石壁、分流角、雞翼角、二澳口、大澳
卷二七　大嶼山以北海域一
大澳至東涌灣、舊赤鱲角西岸、欖洲
卷二八　大嶼山以北海域二
東涌灣至拐石嘴

【第一部】

屏山區 輯并編

陳卓署

輿地志

一、聚落地志

輞井

【概説】《康熙新安縣志》卷三《地理志・都里》作輞井，入五都；《嘉慶新安縣志》卷二《輿地略・都里》作輞川村，入官富司管屬本籍村莊。

輞井地區座落後海之南盡處，瀕尖鼻溜之東岸。【註】其間矮坵散佈，臺坡開闊，地勢較為平坦，耕隴隨處可見。輞井圍、隔田村、圓嶺仔諸村房舍均分佈於此。山谷中多果園，所產荔枝，亦頗馳名。遠自明季，已有李、張二姓先來墾殖，鄧氏後至，其先世亦自明代由錦田分支徙此立圍。

『輞』字本義，為車輪外框，故老相傳，曩者村中有井，其形肖之，故以為名，此說未知確否？今輞井圍村中有井多口，均未能確指何者為是也？

昔唐王維暮年，卜居輞川，與裴迪同遊谷中勝景，相互唱和，各賦絕句二十首，成《輞川集》一卷，收入《全唐詩》卷一二八。輞川，在今陝西藍田，因輞河水流，波紋旋轉如輞，故名輞川。或曰：亦以形肖『輞』而得名云。故輞井先輩，彷王維故事，又別稱『輞川村』，見《嘉慶新安志》所載村名。

【註】參閱本編《山川志・周邊海岸》（後海）。又尖鼻涾，古稱穿鼻涾，可參閱《嘉慶新安縣志》卷四《山水略》『穿鼻涾』及《屏山鄧氏族譜》中之《屏山鄉全圖》等。

輞井圍

輞井圍載港英官方編集之《香港九龍新界地名志》分區三十四《廈村及屏山》，原書頁一六五。陶氏《港九地名志》頁四二至四三。

輞井圍為鄧姓，與錦田鄧氏同族，迺附近最大之村居，據《香港九龍新界地名志》載，一九六〇年人口普查時，有丁口四八〇餘，見原書頁一六五。圍門硬山頂，配一聯云：「輞川水秀；井里春融。」又嘗見所貼春聯云：「福德本無疆，壽域宏開春正月；神恩惟有感，黎民恭祝誕千秋。」石階九級，上登門樓，內奉土地神。循甬道進神廳，有木像三尊，中為北帝，另有護法天神，分列左右。懸匾題「保境安民」，乃一九七〇年重修時所造。配一聯云：「輞墅久憑群聖庇；井廬永賴百靈扶。」

圍門旁有村公所，顏曰『裕安堂』，內奉關帝。又有『崇義堂』，辦事處設於玄關帝廟左方偏室，過月門可通。

圍內有舊屋一楹，泥塑門額，陽文，

輞井圍門樓。

題『翰墨生香』，綴以聯云：「耕遊舜日；寸惜禹陰。」其內供奉祖先祧主。

巷內有敬業書室，昔時用作村中子弟訓蒙之所。又有「遺耕堂」，亦為同類之舊書室建築。

村背地名紅冚頭，有古木棉，老樹粗幹，枝繁葉茂，三月花發，一抹殷紅，此或乃紅冚頭得名之由。【註一】其旁一徑北趨，經白欖頭、布狗嶺、老虎冚，可直通後海之濱，抵古渡頭所在。村南水田廣邈，土名河圍，位穿鼻滘之西，南臨屏山河之出海處。【註二】

【註一】明王臨亨《粵劍編》卷三《志物產》：「木棉花，二月中開。樹高四五丈，花類山茶，而瓣尖大者如碗。其不及山茶者，着花時無葉耳。」清屈大均《廣東新語》卷二十五《木語》：「木棉高十餘丈，大數抱，枝柯一一對出。」清檀萃《楚庭稗珠錄》卷六《粵產》(草木類)：「木棉高十餘丈，數抱，其花深紅，絮不可織布。」關於木棉，見於古籍記載者尚多，如：清吳其濬《植物名實圖考》卷三十；清錢以塏《嶺海見聞》卷二；清張渠《粵東聞見錄》卷下；清人鄧淳《嶺南叢述》卷三十八《草木上》等諸書均有記載。

【註二】其後港英政府於此構築長堤，堵塞河口，並將其內沼澤溼地，開墾而成天水圍。

輞井村

載《香港九龍新界地名志》分區三十四《廈村及屏山》，原書頁一六五。《港九地名志》無。在輞井圍之西，由隔田村、圓嶺仔二村組成。居人為李、張後裔，兩姓先祖，二人同心，結兄弟義，由是患難相扶，同創家園，開村迄今，已歷三百餘年矣。

村內有李張宗祠，始建於清光緒辛丑（一九〇一年），其內為同協堂，甲戌年（一九九四年）嘗作重修。享堂祧主，上刻「隴西堂上老太祖」及「清河堂上老太祖」，即合祀隴西李氏與清河張氏之先祖也。殿懸木聯云：「秉業維艱，雖一粟一絲，無忘先澤；公成匪易，導六德六行，不墜家聲。」乃山廈村張氏所贈。另有牌匾多方，中有「高山抑止」、「品行行子」，想當為「高山仰止」、「景行行止」之譌。

一九四六年，港英新界理民官將隔田、圓嶺合併，定名為輞井村。【註】村中原有義和書室，後改建作村公所，於一九七八年落成。村後枕一坵，土名因稱隔田嶺。

【註】見《屏山鄉鄉事委員會二〇一一年特刊》頁五十八所載。

【附錄】

隔田村　圓嶺仔

載《香港九龍新界地名志》分區三十四《厦村及屏山》，原書頁一六五。

隔田村與圓嶺仔今圖俱不載，陶吉亞《港九地名志》亦闕如，僅見於《香港九龍新界地名志》及舊圖中。【註一】

隔田村位輞井圍與圓嶺仔之間，有村公所，建於一九七九年，原為李氏所聚居，現已併入輞井村中。【註二】

圓嶺仔位隔田村之西，原為張

隔田村與圓嶺仔，見於一九四九年版之《香港地圖》GSGS3868第十幅。

氏所聚居，其南隴中有小坵，土名圓嶺仔，村以之得名，現已併入輞井村中。【註三】

【註一】兩村俱載於《香港九龍新界地名志》頁一六五〔**輞井村**〕條內，亦見舊《香港地圖》GSGS3868（1:20,000）第十幅、《香港地圖》GSGS L8811（1:25,000）第十幅。此外，《廣東地圖》GSGS4691（1:50,000）分幅 N10 SE 則僅有隔田村而無圓嶺仔。

【註二】參閱以上〔**輞井村**〕條。

【註三】參閱以上〔**輞井村**〕條。

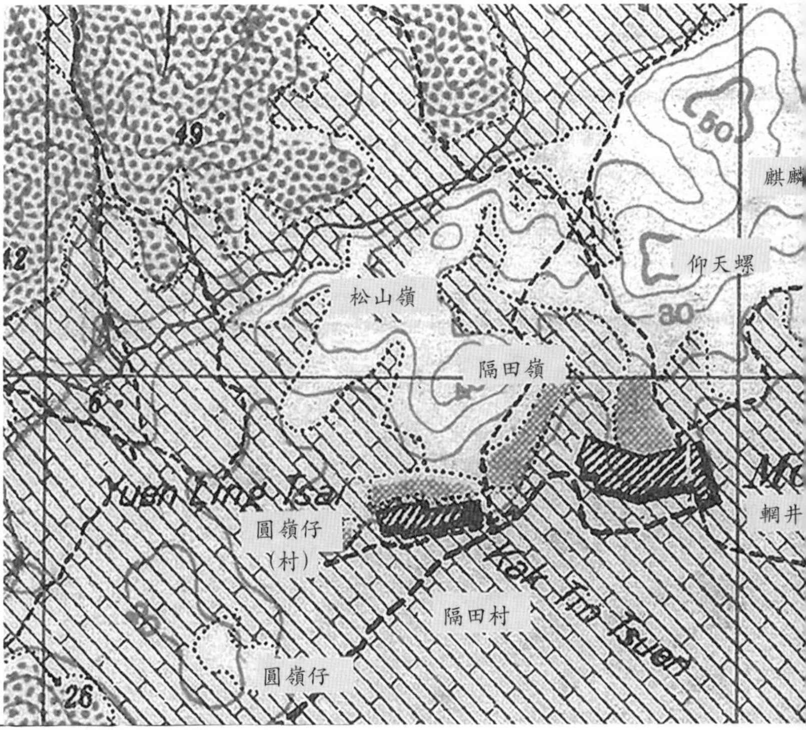

沙橋村

沙橋原稱南沙莆，其南一坵，即名南沙嶺，惟村名則不見於邑志。《香港九龍新界地名志》分區三十四《厦村及屏山》，作『南沙莆』，見原書頁一六五。《屏山鄉鄉事委員會二〇一一年特刊》作『沙橋村』，見原書頁五十六。

沙橋在輞井半島之最北端，一岬臨後海之濱，為沙橋嘴，其東為沙橋上灣，西為沙橋下灣。岸上有聚落，前者稱沙橋村上灣，後者稱沙橋村下灣。

沙橋非原居民村，雜姓，為來自寶安沙井之蠔民及漁夫組成。【註二】其中有江姓者，原籍沙井步涌村，

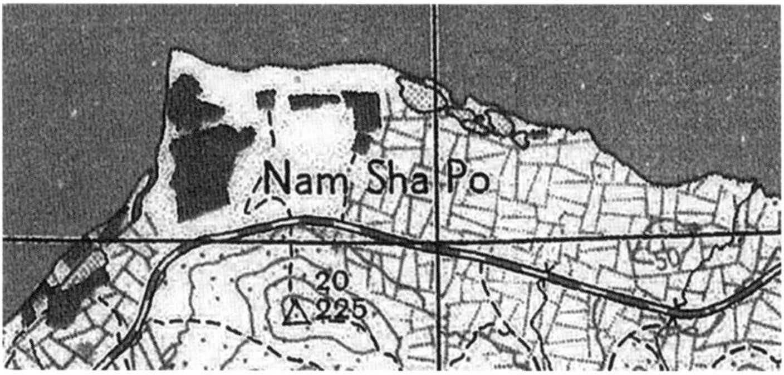

南沙莆見於一九七〇年英制之GSGS L882（1:25,000）第一幅。

世代養蠔。【註二】早年逃難至輞井，為謀生計，仍操故業。【註三】

民國初年（約一九二〇年代），沙橋岸邊，居者僅數戶，皆來自寶安沙井，從事養蠔業，蓋茅寮以作居停。至四〇年代，來者日增，始漸形成聚落，現分成沙橋村上灣及沙橋村下灣兩處。

沙橋村上灣，簡稱上灣村，北臨後海邊，即沙橋上灣，東側為㘭口、上灣角，西鄰為菜園仔、沙橋嘴，背枕南沙嶺，山下田疇廣闊，即舊圖所稱之南沙莆。【註四】村人宜漁宜農，安居樂業其間。一九七七年，成立康樂中心，用以處理村務。全盛時，與下灣村合計，丁口多達千人，至八〇年代始逐漸式微，引致村民多謀食他方，人數銳減，今僅餘約二百耳。

沙橋村下灣，簡稱下灣村，西臨後海濱，即沙橋下灣。居人向以殖蠔維生，於一九六〇年始建村公所，其後廢置。下灣村內一溪流注，稱沙橋坑，導源於沙橋嶺，

自南沙嶺俯瞰沙橋村。

沙橋下灣村公所，建於一九六〇年。

北流入下灣村，沿海岸南側平行，朝東北向，至沙橋坑口，注入沙橋下灣中。下灣村對開，近岸一帶，往昔皆盡為蠔田。【註五】

沙橋下灣北側，有『泥脊』西北向，自泥灘伸出海中，盡處沖積大量淤泥，久之形成小阜，其上紅樹林覆蓋，自遠眺之，儼如小嶼，故或稱『洲仔』，稽諸舊地圖、海圖，均未載入，可知當時仍未形成。【註六】惟於近年新版地圖始見之。【註七】

今沙橋村沿岸一帶，計有埗頭五座，其中上灣兩處，下灣兩處，沙橋嘴一處，均已備載於本編《山川志・周邊海岸》〔尖鼻嘴至沙橋嘴〕內，可參閱。沙橋下灣岸線西南伸，即與鴨仔塘相接。

沙橋上灣、沙橋下灣，近岸皆有沙帶，對開海床，則盡為淤泥。沙橋嘴適位兩灣之間，為其相連之處，鄉先輩向視該岬即『橋』之所在，此乃『沙橋』得名之由也。今周遭一帶，皆以沙橋為名，如沙橋村、沙橋上灣、沙橋下灣、沙橋嘴、沙橋嶺等，而『南沙莆』之名，亦幾淪於堙沒矣。

【註一】參閱饒玖才著《香港漁農業傳承與轉變》（上）漁業，頁一五六「養蠔」。

【註二】蠔，古稱『牡蠣』，唐 劉恂《嶺表錄異》卷下云：「即牡蠣也。蠔肉大者腌為炙，小者炒食。肉中有滋味，食之即能壅腸胃。」明人或曰『蠣房』，見明 屠本畯《閩中海錯疏》卷下介部。又明 謝肇淛《五雜俎》卷九《物部一》云：「昔人以閩荔支、蠣房、子魚、紫菜為四美。蠣負石作房，壘壘若山，所謂蠔也。不惟味佳，亦有益於人。其殼堪燒作灰，殊勝石灰也。」（據民國廿四年上海中央書店排印本）。蠔亦可入藥，載明 李時珍《本草綱目》卷四十六（介之二），稱作『牡蠣』。清 鄧淳《嶺南叢述》卷五十《鱗介下》亦載之。

清 鄧淳《嶺南叢述》書影。

【註三】步涌村在寶安 沙井鎮之北。《康熙新安縣志》卷三《地理志・都里》入三都，作『大步涌』。《嘉慶新安縣志》卷二《輿地略・都里》入福永司管屬村莊，亦作『大步涌』。《廣東地圖》GSGS4691（1:50,000）分幅 N9 SE『沙井』作『大步涌』（方位網格 27552 13141）。今則改稱『步涌村』，見近年坊間出版之《寶安地圖》及《沙井鎮地圖》等。《深圳市地名志》第二章《政區與聚落地名篇》之四《沙井區地名》亦作『步涌村』，見原書頁一〇九。《香港與鄰近地區圖》HM300C（1:300,000）有沙井，但『步涌村』則缺載。江氏大宗祠，位步涌村二〇四號，建於清季，重修於一九三七年，乃以蠔殼為垣，別具特色，有門聯云：「濟陽立郡，嶺表名宗。」沙橋村除江氏外，尚有陳、曾二姓，亦是從沙井遷來此地者。

【註四】參閱《香港地圖》GSGS3868（1:20,000）第十幅及《香港地圖》GSGS L8811（1:25,000）第十幅等。

【註五】蠔田，殖蠔之水域也，俗稱『種蠔』。清錢以塏《嶺海見聞》卷三：「蠔田，歲凡兩種。……以石燒紅，投之海中。蠔生石上，萬千相累，蔓延數百十丈。潮退往取，居海之旁漁姑、蛋婦咸出，謂之打蠔。……女郎以一足踏橫木，一足踏泥，手扶直木，推動而行。……既至蠔田，鑿蠔得肉置筐中。潮長，相率踏歌而還。」

【註六】如《英國海圖》343（1:50,000）〔**汲水門至穿鼻水道**〕（North Sheet），並無此嶼，該圖修訂於一九六二年，可見此時『洲仔』尚未形成。

【註七】參閱二〇一七年版《香港郊區地圖：新界西北部》（Countryside Series NW 1:25,000），見有此小嶼，但地名闕如。

二、人工建築

玄關二帝廟

輞井圍村東田疇，皆沖積土，是處昔為淺海，清季猶可通航。其間有小阜，向稱『水浮金印』，曩者鄉人建廟其上，祀玄關二帝。信眾參神，皆乘槎而至，艤舟登殿，以事禱禬。如今周遭已滄海揚塵，嬗變而成平陸矣。

玄關帝廟創於清季，年代莫考，廟內銅鐘，鑄於清康熙三十二年癸酉（一六九三年），或乃鼎搠時所造。廟嘗於民國九年（一九二〇年）重建。

該廟乃歇山頂兩進式結構，山門內進為擋中，前有享殿，瓦頂，無天井，再進為正殿，其外兩側為鑊耳牆。正殿奉玄武、關聖二帝坐像，配祀神像四尊：左為玄壇（趙公明）、殷元帥（郊），右為華光（即馬天君）、康王（席）。世俗以供奉趙、殷、馬、康為四大元帥。四大元帥見於古籍者，有宋人所輯《繪圖三教源流搜神大全》，趙元帥見於該書卷三，其餘載於卷

輞井玄關帝廟山門。

五。趙元帥除本書外，尚可見於明萬曆《續道藏》本之《搜神記》卷四及元秦晉撰《連相搜神廣記・後集》中。【註一】

山門外有古井，傳為鄧族所鑿，復於廟外植桄榔樹數本，以擋海口兇煞云。

桄榔樹，兩廣地區多有生長。《嶺表錄異》卷中：「桄榔樹生廣南山谷，枝葉並蕃茂，與棗、檳榔等樹小異。然葉下有鬚，如粗馬尾。廣人采之，以織巾子。其鬚尤宜鹹水浸漬，即粗脹而韌，故人以此縛舶，不用釘線。」又云：「賈人船不用鐵釘，只使桄榔鬚繫縛，以橄欖糖泥之。糖乾甚堅，入水如漆也。」是唐時嶺南人已用作繫舟之物矣。《植物名實圖考》卷三十一入「果類」，稱『桄榔子』，謂：「《開寶本草》始著錄，廣中有之。木為車轅不易折；以為箭鏃，中人則血沸」云。【註二】

【註一】以上古籍簡介，詳見本書〔附錄〕《參考文獻》所載。

【註二】桄榔，他如《嶺外代答》卷八《花木門》、《廣東新語》卷二十五《木語》、《粵劍編》卷三《志物產》、《嶺南叢述》卷三十八《草木上》等古籍中均有載之。

遺耕堂

遺耕堂亦稱「遺耕書室」，在輞井圍內，乃清咸豐十一年（一八六一年）舉人鄧渭熊所捌。門聯云：「遺傳古訓，耕守前規。」又一聯云：「水環琴室聲偏細；花護書樓香更多。」

內進高懸「亞魁」功名匾，上款一：「監臨頭品頂戴兵部尚書兼都察院右都御史總督兩廣等處地方軍務兼理糧餉勞崇光」；上款二：「兵部侍郎兼都察院右副都御史巡撫廣東地方提督軍務兼理糧餉覺羅耆齡」（為）下款：「咸豐辛酉科兼補行戊午科鄉試中式第七名舉人鄧渭熊立。」

輞井圍遺耕書室。

堂上懸隸書楹聯：「遺徽遠紹雲臺緒；耕野長流稅院芳。」末署梁玉民撰并書，辛酉元月十八日。

書室至一九八一年（辛酉年）曾作葺治，兩層樓房，竟改用混凝土重建，致原有古樸典雅之建築，風貌頓失矣！

敬業書室

敬業書室在輞井圍內，由鄧族「理剛祖」及「和興祖」兩房合建，樓高兩層。門聯云：「敬承祖武；業蔭孫謀。」大門之上，題一聯云：「書有未曾經我讀；事無不可對人言。」內進過拱門，右方為廂房，上有閣樓臨街，可以居人。左方為大堂，奉祀關羽、周倉、關平畫像，上題一聯云：「目讀孔子遺書，惟愛《春秋》一部；心存漢室正統，豈容吳魏三分？」下款：歲次壬午年繪。另置鏡屏一座，其內彩繪，已模糊不清，旁綴一聯：「訓言彝典鴻基衍；怡悅家庭燕翼謀。」靠巷一邊為書室，乃學子肄業之所。此往昔之私塾，於今亦廢棄多時矣。自戰後創崇義學校，遂取以代之。書室建築頗具規模，惜近年已遭荒置，後於一九五六年曾作修繕。

補錄

敬業書室近年曾作重修，現已煥然一新，外牆塗以靛色，間以白線，構成象青磚之形，以作裝飾。

崇義學校

崇義學校在輞井圍外，位玄關帝廟之

輞井圍敬業書室。

東側，前臨田野，後枕山坵，與鶴洲嶺毗連，古木數株，濃蔭覆蓋，境甚幽逸。黌舍佔地頗廣，禮堂、課室、球場、圖書室等，式式俱備。一九五〇年代以崇義堂名義創辦，後正名為輞井公立崇義學校。第一屆小學畢業典禮在一九五六年舉行。至一九九四年，已歷三十八屆，有畢業同學暨全體校董師長合照，攝於是年七月十二日，今仍懸於玄關帝廟內以供瀏覽，逾此之後則無聞焉。校內建築數幢，均已荒置。惟見校園內，有圓形水池，假山之上，置觀音大士一尊，巍然矗立於其間而已。此外，又有大樹菠蘿三株，據聞乃近年補植者云。

輞井公立崇義學校遺址。

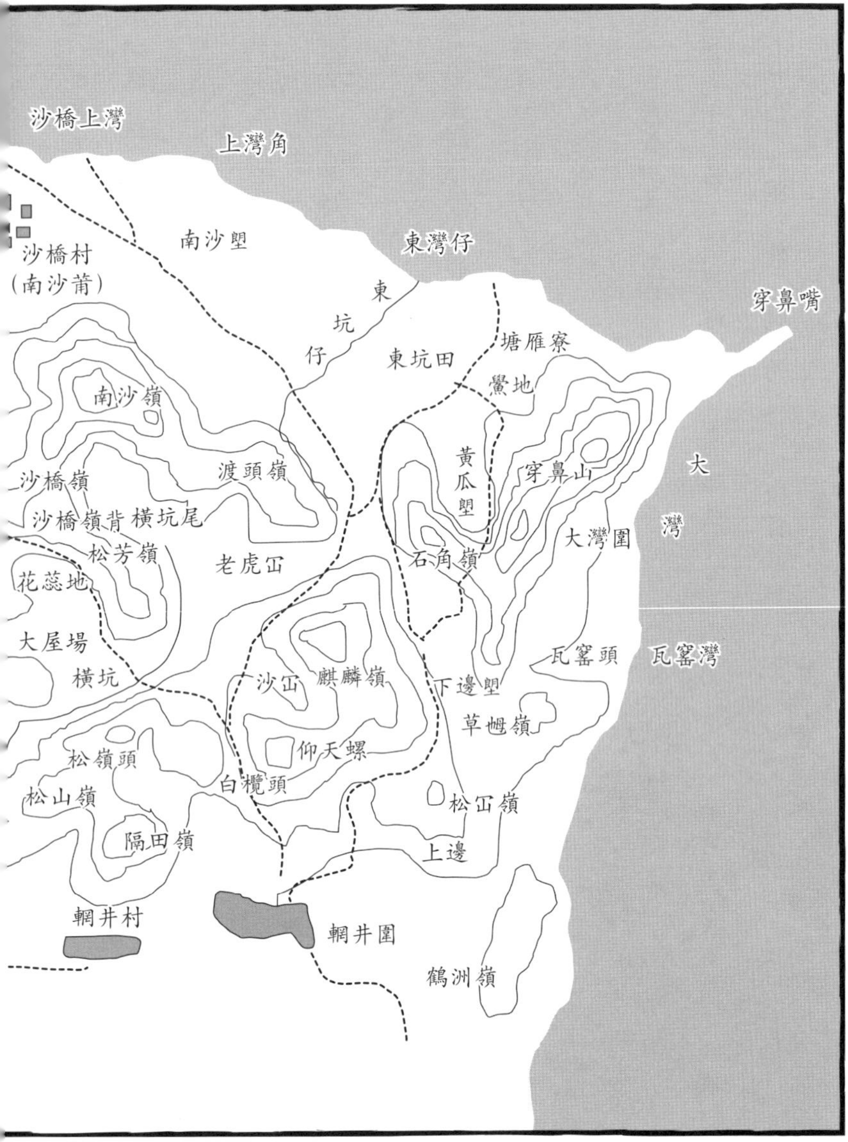
沙橋上灣
上灣角
南沙塱
東灣仔
沙橋村
(南沙莆)
東
坑
仔
穿鼻嘴
塘雁寮
東坑田
黌地
南沙嶺
黃
瓜
塱
穿鼻山
大
灣
渡頭嶺
沙橋嶺
沙橋嶺背
橫坑尾
大灣圍
松芳嶺
石角嶺
老虎峃
花蕊地
大屋場
瓦窰頭
瓦窰灣
橫坑
沙峃
麒麟嶺
下邊塱
草蜩嶺
松嶺頭
仰天螺
白欖頭
松山嶺
松峃嶺
隔田嶺
上邊
輞井村
輞井圍
鶴洲嶺

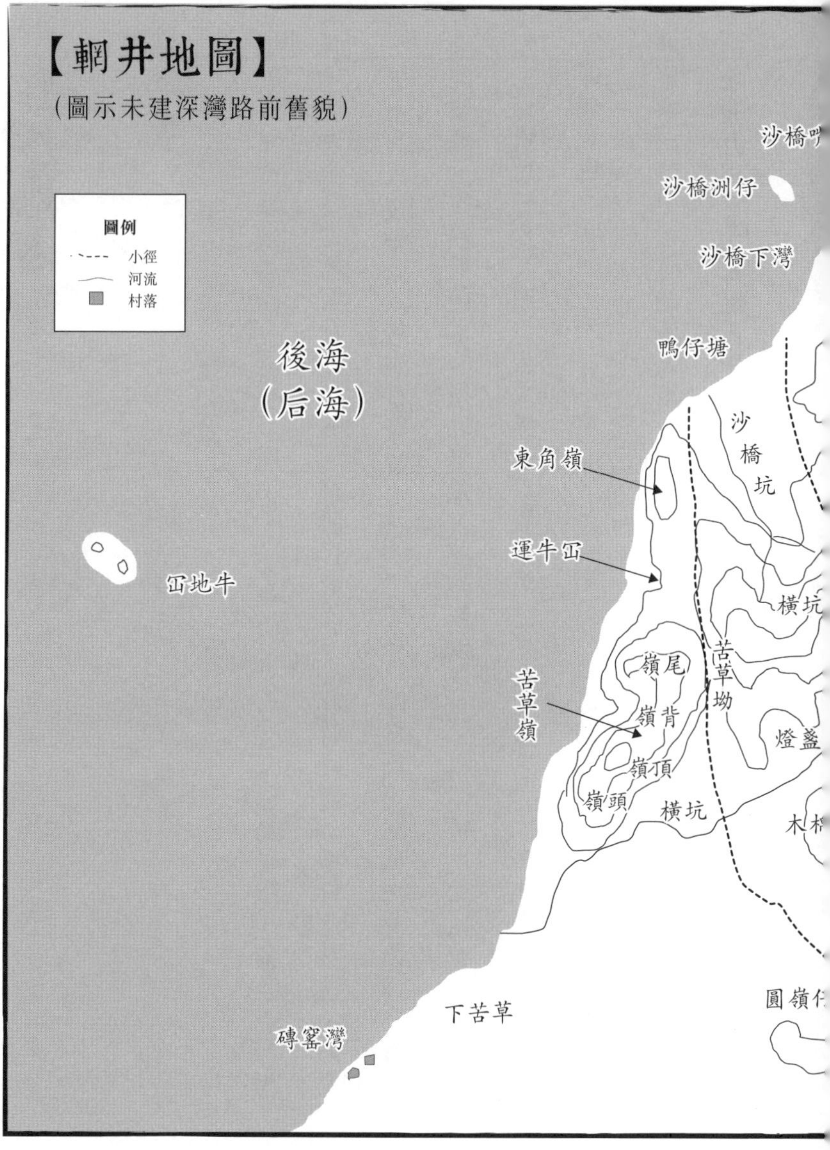
【輞井地圖】
(圖示未建深灣路前舊貌)
圖例
小徑
河流
村落
後海
(后海)
沙橋咀
沙橋洲仔
沙橋下灣
鴨仔塘
沙橋坑
東角嶺
運牛冚
冚地牛
橫坑
苦草坳
嶺尾
嶺背
苦草嶺
燈盞
嶺頂
嶺頭
橫坑
下苦草
磚窰灣
圓嶺仔

三、野外地志

塘雁寮

塘雁寮在黃瓜嶺嶺頭之西麓，即古之穿鼻山下。【註一】原為耕隴，前臨後海濱之東灣角，東側為尖鼻塘及尖鼻嘴。嘗聞村老云：「昔時該處，地近穿鼻滘，乃元朗河、屏山河入後海處，故水量豐盈。【註二】以後日漸水淺，遂成泥灘沼澤。昔有耕者來此墾荒，復闢塘瀦水，用以豢魚，並構寮以居焉。」附近向多水禽，又有候鳥之類，均棲息覓食其間，土人遂以塘雁寮名之。村老又言：「塘謂魚塘，雁指水禽，寮即農舍也。」

塘雁寮田疇中，有地名黌地，南與石角嶺谷中之黃瓜塱接壤。黌地東側即黃瓜嶺，山坡間有鄧松茂暨鍾氏塚，一九六〇年重修，墓誌載土名作『塘晏寮黌地』。

『晏』、『雁』一音之轉；『釁』、『黨』二字形近，因以致誤焉。又或疑塘雁寮對開之東灣角，海岸間有古渡頭，此乃因舊版輿圖，均繪有徑道，自輞井通往該處，由是遂產生若是之聯想，惜別無確證，此說亦難以成立也。【註三】

【註一】黃瓜嶺古稱穿鼻山，以穿鼻滘而得名，參閱本編《山川志・山嶺》〔**黃瓜嶺**〕條。

【註二】詳見本編《山川志・周邊海岸》〔**穿鼻滘**〕條。

【註三】如舊版《香港地圖》GSGS3961（1:80,000）北幅；《香港地圖》GSGS L681（1:100,000）第一幅；《香港地圖》GSGS3868（1:20,000）第十幅；《香港地圖》GSGS L8811（1:25,000）第十幅；《廣東地圖》GSGS4691（1:50,000）分幅 N10 SE〔內伶仃〕等，各地圖中皆繪有此徑。

補錄

近日於穿鼻山下，見一鐵牌，懸於路側，大書『唐夏寮』三字，甚為矚目。趨視之，乃簡介文字一則，標題竟以該處地名為『唐夏寮』，又以穿鼻山為『龜山』云。

繼而再閱敍述之辭，則更放言高論，顧其所述，實屬虛謬，荒誕不經，且妄為自圓其說，覽後有令人發噱者，比比皆是。余嘗戲為辯證，載入拙著《海隅辨言》中，題曰《龜山及唐夏寮匡謬》。茲迻錄全文，置於篇末，以就正於大雅君子焉。

龜山及唐夏寮匡謬

輞井圍之東北，有穿鼻滘，岸上一坵，名穿鼻山，其東北海岸，一岬外伸，為穿鼻嘴，西側小灣，為穿鼻塘。【註】山之西麓，為田壠魚塘，舊名塘雁寮。雁者，水禽之屬也；寮者，田夫之宅也。以上皆訪於輞井村老，得悉其原名如此。復徵於邑志，謂：「穿鼻滘在城東南三十里，發源於大帽、紅水諸山，由錦田、屏山十餘里西北合流，匯於穿鼻嘴，南折而入沙江海。」見《嘉

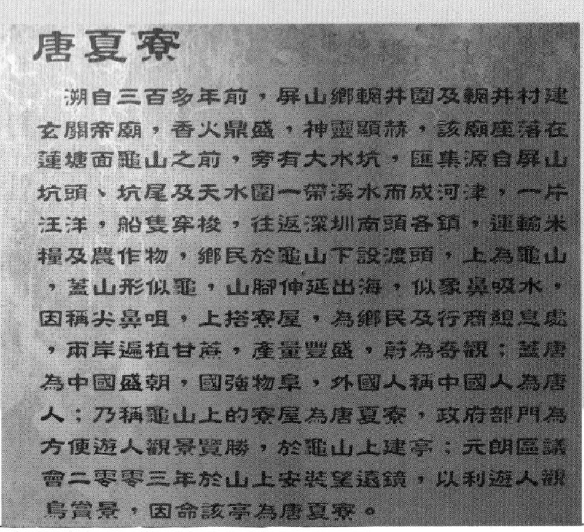
唐夏寮
溯自三百多年前，屏山鄉輞井圍及輞井村建玄關帝廟，香火鼎盛，神靈顯赫，該廟座落在蓮塘面龜山之前，旁有大水坑，匯集源自屏山坑頭、坑尾及天水圍一帶溪水而成河津，一片汪洋，船隻穿梭，往返深圳南頭各鎮，運輸米糧及農作物，鄉民於龜山下設渡頭，上為龜山，蓋山形似龜，山腳伸延出海，似象鼻吸水，因稱尖鼻咀，上搭寮屋，為鄉民及行商憩息處，兩岸遍植甘蔗，產量豐盛，蔚為奇觀；蓋唐為中國盛朝，國強物阜，外國人稱中國人為唐人；乃稱龜山上的寮屋為唐夏寮，政府部門為方便遊人觀景覽勝，於龜山上建亭；元朗區議會二零零三年於山上安裝望遠鏡，以利遊人觀鳥賞景，因命該亭為唐夏寮。

放置於穿鼻山麓之『唐夏寮』鐵牌。

慶新安縣志》卷四《山水略》〔穿鼻滘〕條，此亦可與前輩所言者相參證也。

是知邑志所載之沙江海，即今之後海一隅；穿鼻嘴，即今之尖鼻嘴；而穿鼻滘者，乃位穿鼻嘴對開，即後海之東盡處。穿鼻滘形如布袋，為錦田河、屏山河諸水之所匯，其內水淺，潮退乾出，泥灘沼澤，紅樹漫生。鄉人於其間圍壆，豬水而成塘堰，以豢魚飼鴨維生，故附近後海沿岸一帶，有鴨仔塘、塘雁寮等地名。

近日偶至尖鼻嘴，登臨穿鼻山，於山麓台階畔，見一鐵牌，上書『唐夏寮』，下附說明凡二百七十餘字，末無署名，不知為誰何杜撰？驟覘之，似是考證史事之文，然細讀一過，始覺其荒誕不經，且多自圓其說，強不知而為知者。其末段竟以塘雁寮作『唐夏寮』，尤為蛇足，貽笑方家！其言乖謬之處，計有數端，茲節錄原文，並為辨釋，列舉於下，以供省覽焉：

【註】詳見本編《山川志・周邊海岸》〔**穿鼻滘**〕條。

〔原文一〕

輞井……玄關帝廟，……座落在蓮塘面龜山之前，旁有大水坑，匯集源自屏山坑頭、坑尾及天水圍一帶溪水而成河津。

〔辨釋一〕

輞井玄關帝廟原乃座落在沙洲之上，司祝陳君香根言，昔聞之故老，廟址呈方形，四面皆水，僅此處如孤島，若浮台狀，形家以其地為『水浮金印』云。【註一】其後毗連一帶，經長期沖積，逐漸形成溼地耕壠，其周遭皆屬低窪，別無山嶺。原文謂「**座落在龜山之前**」者，未知是何所指？查附近一帶矮坵，俱各有專名，而未聞有稱『龜山』者，其或謂穿鼻山歟？考穿鼻山在穿鼻嘴之側，與玄關帝廟之間，尚隔數山，不得謂在其前。蓋其間尚有嶺腳、草岃嶺、松岃嶺、鶴洲嶺諸坵，而廟背則為耕壠，故與上述山岡之麓，實不相接也。至謂「**龜山之前，旁有大水坑**」者，實乃屏山河之出口，匯合錦田河，流經尖鼻嘴側而入後海，此乃河涌之屬，非畎澮之類也。

〔原文二〕

鄉民於龜山下設渡頭。上為龜山，蓋山形似龜，山腳伸延出海，似象鼻吸水，因稱尖鼻嘴。

〔辨釋二〕

昔日鄉民所設渡頭，雖確實位置不詳，然亦可略作推估，應座落在今沙橋東側，至東灣仔瀕海一帶，包括塘雁寮附近海岸方合，而非位於今之尖鼻嘴處，故不得謂「**於龜山下設渡頭**」。又舊渡頭背枕一坵，亦以之得名，稱渡頭嶺焉，此乃南沙嶺東伸之一臂也。此君但見今日尖鼻嘴之水警碼頭，即附會為昔日之古渡頭，蓋未經實地採訪，及深入考覈有以致之。而所謂『龜山』者，其本名當為穿鼻山，已見前述矣。

又謂『**山形似龜，山腳伸延出海，似象鼻吸水，因稱尖鼻嘴**』者，亦屬附會臆測之辭。既云其形似龜，如何衍繹為『象鼻吸水』?實屬迷惘而費解。蓋此君未嘗一讀邑志，不知原有『穿鼻嘴』一名故也。又穿鼻山，形不肖龜，土人反以其山狹長，形如胡瓜，故又別名黃瓜嶺，北頂為黃瓜頭，南頂為黃瓜尾，而以前者為主峰，其巔坦平，海拔七十六米，為輞井半島之最高點。**【註二】**餘勢東北伸，入海處成一小岬，因名穿鼻嘴，後復以其形狹長，銳若刀鋒，突出海中，如亮劍然，遂寑呼之曰尖鼻嘴焉。

〔原文三〕

唐為中國盛朝，國強物阜，外國稱中國人為唐人；乃稱龜山上寮屋為唐夏寮。

政府……於龜山上建亭，……因命該亭為唐夏寮。

〔辨釋三〕

此君先誤『塘』為『唐』，繼則武斷釋之，為『唐代』、為『唐人』，而『寮』者乃唐人所建之寮房，其說彷似該處乃唐時遺迹，重現眼前，遂易以地名為『唐夏寮』云。今穿鼻山巔有亭，即以之命名，顏曰『唐夏寮』，然『夏』字終不得其解，亦無片言及之，不知是否指『炎夏』抑『華夏』也？此『夏』字無中生有，與原地名無涉，畫蛇添足，殊覺可笑！此皆屬臆測之辭，查無實據，與強為之說者，同出一轍。

考吾粵唐代遺迹，有羅定龍龕摩崖一處，為現存年代最古、保留文字最多之石刻，座落羅定縣苹塘鎮談禮村榃陽石灰岩溶洞中。戰後一九四五年間（民國三十四年），先輩學人吳天任先生【註三】，嘗親詣其地，萃意探求，訪碑校字，大

廣東羅定縣龍龕巖之唐代摩崖。

有所獲，歸而撰《龍龕道場銘考》一書，以作闡釋，此一碑刻，遂得大顯於世。【註四】若輞井僻處海隅，竟發現有此遺迹，且遠溯至唐代，考古學者豈能失諸交臂，使其堙沒無聞？夫如是，則香江之『唐夏寮遺迹』，必將與羅定之『唐龍龕摩崖』，竝列為珍貴文物，嶺南雙寶，而長存於天壤之間，揚名於海內外矣！

近年有考古學者，嘗於穿鼻滘畔之鶴洲嶺，發現宋、明疊壓文化層。考古學者語之為鄰近地區所僅見，然

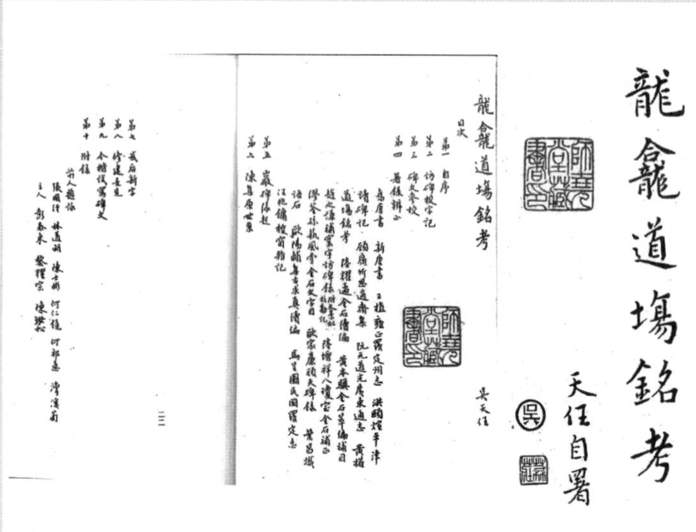

吳天任《龍龕道場銘考》書影。

猶未遠溯至唐代也。【註五】

又穿鼻山西坡，有鄧松茂暨鍾氏合塚，重修於庚子孟冬，墓誌謂「葬於土名塘晏寮釁地」，晏、雁一聲之轉，正名當為塘雁寮，已詳前述。而『釁地』應為『黌地』，『黌』、『釁』以形近而譌。據此亦可證該處地名實為塘雁寮，從而匡正妄題『唐夏寮』之謬也。

【註一】參閱拙著《香江方輿稽原略》卷十〈輞井玄關帝廟〉條所載。

【註二】據《香港地圖》GSGS3868（1:20,000）第十幅標高。

【註三】吳天任先生（一九一六—一九九二），號荔莊，廣東南海大瀝荔莊村人。工詩，畢生創作近體詩什千餘首，有《荔莊詩稿》傳世。此外尚潛研史學，遍及譜牒、輿地等，無所不精。著有名人年譜九種，包括酈露、釋澹歸、黃遵憲、楊守敬、康有為、梁啟超、梁鼎芬、蔡鍔、何藻翔諸賢。平素尤以探究《水經注》一書，成就最大，厥功至偉，著有《水經注研究史料匯編》、《酈學研究史》等。早歲受業於大儒黃祝蕖先生門下，與趙少昂、周千秋、李撫虹、陳璇珍等為同窗。祝蕖先生即黃榮康（一八七七—一九四五），廣東三水蘆苞人。民國九年（一九二〇年）於穗城開辦南陽學塾，執教數十年，門下弟子人材輩出，多為學壇知名之士。吳先生於五〇年代曾在香港學海書樓公開講授《楚辭》及杜甫詩。後又與汪宗衍（一九〇八—一九九三）同輯《廣東文徵續編》，於一九八六年至一九八八年間付梓，十六開本，全四巨冊，有裨於學林。

【註四】羅定《龍龕道場銘》碑，刻於唐武后聖曆二年己亥（六九九年），載清翁方綱《粵東金石略》卷九。（垤案：翁氏僅據古籍碑刻錄所記，載入書中，並未嘗親詣其地考察。）內容為敍述該龕之演變概況。摩崖刻字以「年代早，字數多，保存佳」著稱於世，譽為嶺南第一唐刻。吳先生稱其「文章優美，駢詞工麗，可與唐太宗《三藏聖教序》媲美，楷書體與歐陽詢、虞世南相近」云。碑文中有武曌所造變體字，如囗（日）、囝（月）、圀（國）、埊（地）等。《碑序》全文一千二百三十八字，為瀧州陳集源撰文，《新、舊唐書》均有傳。

【註五】參閱二〇〇〇年香港考古學會、廣東省文物考古研究所聯合撰寫之《香港元朗輞井圍鶴洲嶺遺址發掘報告》。

——以上錄自拙著《海隅辨言》卷二《龜山及唐夏寮匡謬》

鱟地

在塘雁寮田隴中，當黃瓜嶺大嶺之西麓，介於塘雁寮與黃瓜塱之間，今已難確認其處。土著謂原乃風水要地，以形近而為堪輿之喝名云。【註】

【註】參閱以上〔**塘雁寮**〕條。鱟（學名 *Limulidae*），別稱『馬蹄蟹』，分佈於長江以南海域，乃世上唯一

之藍血水生動物，吾國古籍中亦多有紀載。《嶺表錄異》卷下云：「其殼瑩淨，滑如青瓷碗。鏊背，眼在背上，口在腹下，青黑色。腹兩旁為六腳。有尾長尺餘，三棱如梭莖。雌常負雄而行，捕者必雙得之。……雄小雌大，置之水中，即雄者浮，雌者沉。」此外，《閩中海錯疏》卷下介部、《嶺南叢述》卷五十《鱗介下》與《粵劍編》卷三亦有述及。香港境內甚普遍，土人每以地肖其形者命名『鱟地』，遂成『通名』。

大灣園　瓦窰頭

大灣園或稱大灣園，在輞井半島之東北方，穿鼻山（黃瓜嶺）之南麓，耕壠濱臨大灣，故名。

瓦窰頭在大灣園之南，位草㟭嶺之東麓，昔有燒缸瓦者居此，後徙於他所。其瀕海處，土名亦因之，呼曰瓦窰灣焉。

此處東瀕海岸，對開即古之穿鼻滘。【註】

【註】詳見本編《山川志・周邊海岸》〔**穿鼻滘**〕條。

黃瓜塱

黃瓜塱位黃瓜嶺與石角嶺間山谷中，以在黃瓜嶺下而得名，耕隴略呈三角形，北向外張，前對後海之東灣仔。谷口外為𩾌地，與塘雁寮田疇相接。

補錄

自棄耕後，土地用途，迭遭更變。邇後谷中田隴，遂得以大興土木，建造廠房，昔者務農景象，於今已不可復覩。日就月將，皆全屬『私家重地』，並畜惡犬以助巡邏，嚴禁過客進入矣。

南沙莆

南沙莆在輞井半島之北端，背枕一坵，以之得名，為南沙嶺。北麓有耕地，前臨後海，相傳附近海岸，舊有渡頭，乃昔日輞井居人，取道白欖頭，經老虎冚至此處，乘槎以趨彼岸，經蛇口轉赴新安南頭之要津。因日久廢置，遺迹已堙，未能確指。今是處一帶，鄉人皆通稱曰『沙橋』，而『南沙莆』一名，亦漸淡化，鮮有能知之者矣。參閱本編《輿地志・聚落地志》〔沙橋〕條。

南沙塱

南沙塱在南沙莆中，全為耕隴，前臨沙橋上灣，背枕渡頭嶺，東展至東坑畔，隔溪與東坑田相接。

東坑田

東坑田位於東灣仔，近岸處有魚塘及耕地，因東坑仔流注其間，故以為名焉。泥灘廣闊，紅樹林生機繁茂，蔭蔽海澨如樊籬。

坑尾田

在南沙嶺主峰南麓山谷中，橫坑導源於此，土名橫坑尾。其北埡口，因稱坑尾坳，乃南沙嶺與沙橋嶺接脈處。

老虎凼

老虎凼昔為耕壟，前聞村老言：是處嘗發現虎踪，故有是稱。意者，此或乃野貓之類，身軀較龐大者耳。

昔日村人自輞井出發，於白欖頭分路，北行過布狗嶺，經麒麟頭西麓，前望谷口，兩山夾峙。聞先輩言：至此出谷，朝北望，可見後海之濱，即渡頭之所在處，因名左方之山，曰渡頭嶺，右方之山，為石角嶺焉。又出谷後，道分兩歧，一朝西北，一向東北。前者傍渡頭嶺，經南沙莆，以達沙橋上灣。後者依石角嶺，出塘雁寮，以抵東灣角。所謂渡頭者，其位置今已不可稽，要之其座落之處，必為今之沙橋上灣至東灣角一帶無疑也。【註】

老虎冚之北為渡頭嶺，西為松芳嶺，西北接橫坑尾，東望則左為石角嶺，右為麒麟嶺，其地理位置實甚重要也。東坑仔源出於此，北流注入東灣仔。

谷中原皆田隴，無奈自棄耕後，周遭山地，滿目荒涼，蕪翳殊甚。至於平皐幽塢，近年則大興土木，取代良疇，而廠房、倉儲之建，充斥其間，然土地應用，規劃乏善，雜亂無章，遂致越野山行，亦多所滯礙也！

【註】參閱〔**渡頭嶺**〕條。

凹尾

在輞井圍東北，當麒麟尾之南麓，東為草𡶔嶺，南與松凹嶺相對。谷中山畔多鄧族祖塋，乃經重修後之明季古塚。其外有埡口，名凹尾坳，是處野徑歧出，為輞井圍通南沙莆要道所經。

白欖頭

在麒麟嶺之西南，位隔田嶺、仰天螺間峽谷中，乃古徑之交匯點。自輞井圍北行，至此有歧口，北達南沙莆，西北往橫坑。分路處有青欖樹，叢柯連榦，綠陰佈影，甚為觸目。聞老農言：青欖樹五月果熟，收成可觀，均屬佳品，村人因之，遂以為地名焉。【註】北端過布狗嶺，傍沙凹水湖出谷。谷口之外，皆為田疇，稱老虎凹。是處昔為輞井通後海渡頭古道要衝。又南過紅凹頭，可直入輞井，西繞松山嶺，越橫坑，可通燈盞凹與大屋場等地。

【註】欖樹即古籍所稱之橄欖。《南方草木狀》卷下：「橄欖樹身聳，枝皆高數丈，其子深秋方熟，味雖苦澁，咀之芬馥。」《嶺表錄異》卷中：「樹身聳枝，皆高數尺，其子深秋熟。」《楚庭稗珠錄》卷六《粵產》（草木類）：「橄欖有二種：白欖即青果也；烏欖獨幹至頂，乃布枝柯。」而《植物名實圖考》卷三十一「果類」中則載有橄欖、烏欖、白欖三種。《嶺南叢述》卷四十一《百果上》則橄欖與烏欖兼述。他如《廣東新語》卷二十五、《粵東筆記》卷十三、《嶺外代答》卷八《花木門》、《粵劍編》卷三《志物產》等，均有載入。

沙凹

在白欖頭之北，位麒麟嶺西麓小谷中，地甚幽寂，灌林繁茂，草木森鬱，內藏水湖。炎夏雨後，山洪暴漲，形成水潭，冬令枯涸，則不復見。

上邊

在輞井之北，背枕松仚嶺，東麓有果園，南對平疇，與玄關帝廟隔田相望。松仚嶺山畔有鄧懷悦與黃氏合墓，清同治八年（一八六九年）重修。懷悦為税院郡馬十三世裔孫，即開基祖漢黻公後第十九世。

下邊塱

下邊塱位於麒麟嶺之東，黃瓜嶺之西南，谷中有田疇多處，今均已荒置，僅局部耕隴被闢作果園。有徑北通老虎仚，南行經上邊，可抵玄關帝廟及輞井圍。

花蕊地

在沙橋嶺背西北端，位沙橋嶺東南麓，近下灣坳之東側。內有耕隴，略呈圓形，面積不廣，周遭圍以鐵欄，外與大屋場接壤。背枕沙橋嶺，山坡間多塚墓。『蕊』，土音讀作『乳』。是處非栽植奇花異卉之所，實不知其命名之所由何也？

大屋場

在橫坑嶺之東麓，附近皆田壟，地勢坦平，中有荔枝園，佔地頗廣。其東矮岡橫亙，

【橫坑嶺俯瞰所見】

即松芳嶺所在處。

燈盞凹

在輞井圍之北，乃一長形峽谷，夾於松山嶺與橫坑嶺之間，其間本有一溪，土名橫坑，出南沙嶺之陽，經此西流，過木棉仔，至下苦草，入於後海。今此溪局部已呈乾枯，鄉人乃截其中數段，豬水成塘以豢魚。【註】此與屯門藍地區內之燈盞𥗭，為同名而異地。谷中原有豬場，建於矮坡間，範圍頗廣，今已廢置，有牧羊者居之。

【註】參閱本編《山川志》《河涌・溪澗》〔橫坑〕條。

木棉仔

在苦草之東，原有橫坑流經於此，位燈盞冚下游，因是處溪水較深，現仍保留河道之一段。附近皆為田疇，內有荔枝園，亦產野生艾草。舊傳是處有木棉樹，故以為名，惟今已不可復見。果林中有圓嶺仔村人張廷岳與鄧氏合塚，一九五四年甲午建，喝形『瑞獅出洞』，墓誌土名作『木棉仔』，可證也。

參閱以上〔燈盞冚〕條。

運牛冚

在苦草坳之北，位東角嶺畔，地瀕後海，東北

【自松山嶺眺望苦草、橫坑嶺一帶】

與鴨仔塘相接。村老謂，斯乃清季販夫以舟運牛，自南頭來此登陸處，故有是名云。

苦草（苦草地）

苦草或稱苦草地，在輞井之西，伸延至後海濱一帶，以產苦草而得名。

苦草，水草之屬，可作藥用，見明李時珍《本草綱目》卷十九草部八水草類載：「苦草生湖澤中，長二三尺，狀如茅蒲之類。」可入藥治積存熱毒，消腫止痛等。苦草（學名：*Vallisnerianatans (Lour) Hara*），或稱蓼萍草、扁草，為多年生無莖沉水草本，有匍匐莖，生於溪溝、河流等處。

是處原為荒野，地勢平緩，自東北向西南傾斜，至苦草尾，與夾口接壤，後漸形成耕壟，農舍散佈其間，今尖鼻嘴公路（深灣路）通過其側。又其西瀕後海處，則稱下苦草，乃橫坑之出海處。西北背枕一坵，即以之得名，稱苦草嶺焉。

今苦草尾以南之夾口，位崩岡之下，有苦草村，乃以靠近苦草而得名，後改作『虎草村』，居者皆非原住民，其先世乃自外地來此開拓者，結集而成新聚落耳。【註二】

考『苦草』亦有用以作地名者，或書作『甫草』，常見於廣東地區，例如『苦草洞』、『甫草灣』之類，皆是其例也。【註二】

昔山行嘗過苦草嶺背，見有清代墓葬殘碑，勒於嘉慶七年壬戌（一〇八二年），略謂：「國學生鄧位熊，字渭升，……居屏山鄉，……卜葬於輞井山土名虎草。」由是得知，早於清季中葉，屏山鄧族即以地名『苦』非佳兆，已易之作『虎』矣。【註三】

又因苦草地處曠野，非聚落之所，故不載於邑志。《嘉慶新安縣志》卷二《輿地略‧都里》官富司管屬村莊，中有『苦草洞』者，乃位於香港境外，非輞井之苦草，不可混淆為一也。

【註一】參閱《沙江編》《輿地志・聚落地志》〔虎草村〕條。

【註二】『苦草洞』位於東莞清溪墟北面，西北距莞城約四十八公里，建村於明萬曆間，乃昔時著名之抗日游擊區，見於《民國東莞縣境圖》第十九幅（橫四縱一）〔銀瓶嘴山〕圖內，作『苦草崗』。《廣東地圖》GSGS4691（1:50,000）分幅 P9 NW〔樟木頭〕，作『苦草崗』。又《東莞市地名志》作『苦草洞』，見原書頁二六七。

『甫草灣』位於台山縣境，北距台城二十三公里，近廣海城之西南，其北岸有甫草村，原應書作『苦草』（*Fu-ts'ao*），甫草灣以之得名。清康熙二十年（一六八一年）立村，廖姓。《江門市地名志》作『甫草洋村』，屬台山縣沖蔞鎮，見原書頁一五七。灣之南，海上有兩大島，即上川山與下川山是也。以上台山甫草諸地，均載於《廣東地圖》GSGS4691（1:50,000）分幅 L12 NW〔沙欄墟〕及《中國本部地圖》GSGS4610（1:250,000）第八十八分幅〔赤溪〕中，可參閱。

《東莞縣境圖》書影。

又《嘉慶新安縣志》卷十一《經政略四》，紀載有『苦草峒營盤』一處，可知新安境內，亦有地名為『苦草』者，惟未知其是否位於輞井附近，抑在今之深圳境內耳？

【註三】參閱本編《山川志・山嶺》〔**苦草嶺**〕條。

氹仔石

在苦草附近，確切方位未明。該處有鄧族十九世琼發、富有二公塚，清光緒十五年（一八八九年）己丑重修，周謙中定針，墓誌載「葬於苦草右邊土名氹仔石」云。

【輞井詳圖】

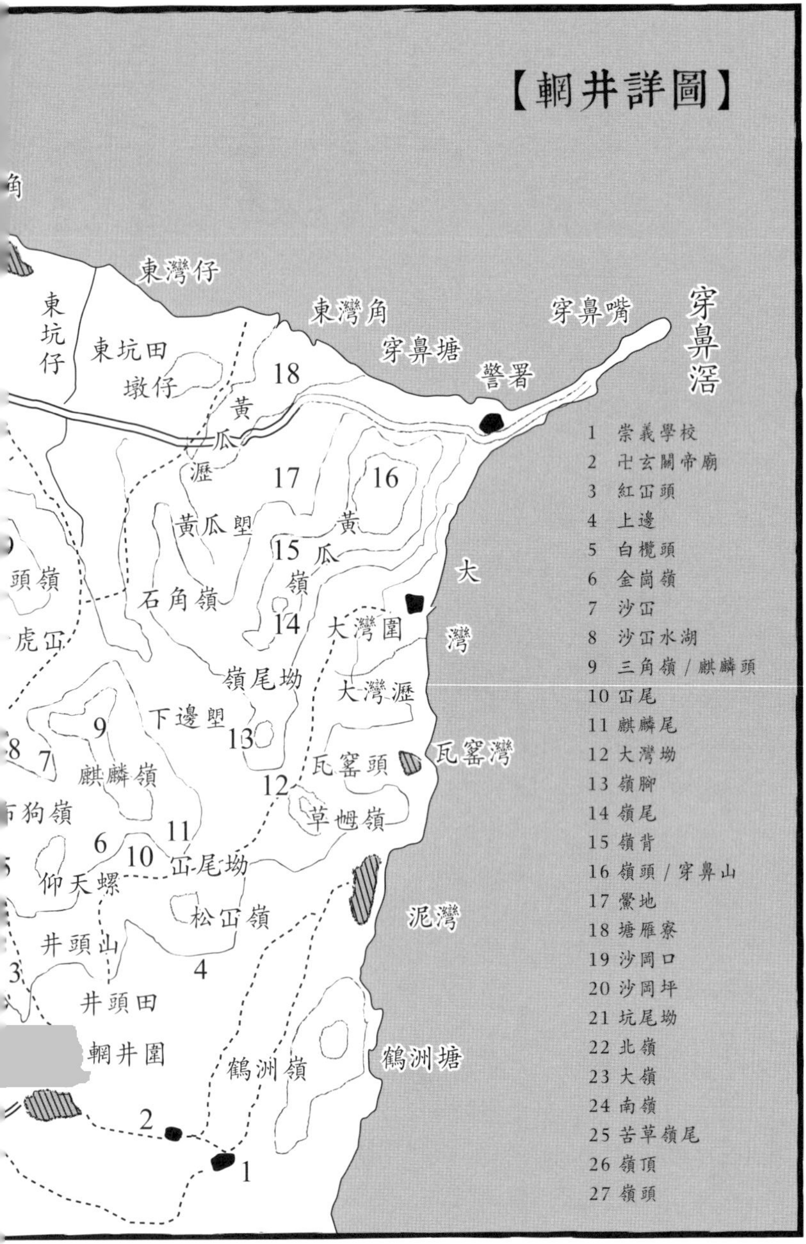
東灣仔
東坑仔
東坑田
墩仔
東灣角
穿鼻塘
穿鼻嘴
穿鼻滘
警署
黃瓜瀝
黃瓜塱
黃瓜嶺
石角嶺
頭嶺
虎山
大灣圍
大灣
大灣瀝
嶺尾坳
下邊塱
麒麟嶺
瓦窰頭
瓦窰灣
草岬嶺
狗嶺
仰天螺
山尾坳
松山嶺
泥灣
井頭山
井頭田
輞井圍
鶴洲嶺
鶴洲塘
1 崇義學校
2 玄關帝廟
3 紅山頭
4 上邊
5 白欖頭
6 金崗嶺
7 沙山
8 沙山水湖
9 三角嶺 / 麒麟頭
10 山尾
11 麒麟尾
12 大灣坳
13 嶺腳
14 嶺尾
15 嶺背
16 嶺頭 / 穿鼻山
17 黌地
18 塘雁寮
19 沙岡口
20 沙岡坪
21 坑尾坳
22 北嶺
23 大嶺
24 南嶺
25 苦草嶺尾
26 嶺頂
27 嶺頭

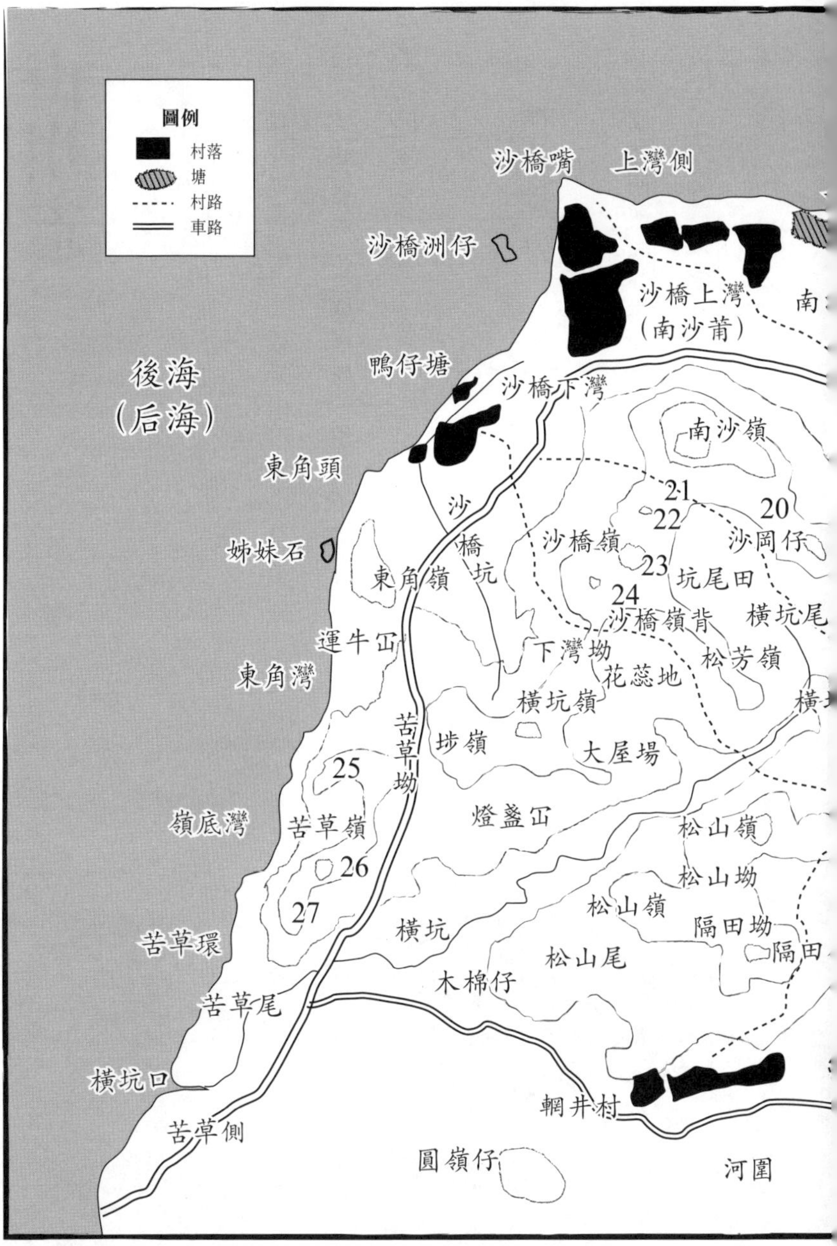
圖例
村落
塘
村路
車路
沙橋嘴
上灣側
沙橋洲仔
沙橋上灣
(南沙莆)
南
後海
(后海)
鴨仔塘
沙橋下灣
南沙嶺
東角頭
21
22
20
沙
橋
坑
沙橋嶺
沙岡仔
姊妹石
23
坑尾田
東角嶺
24
沙橋嶺背
橫坑尾
運牛冚
下灣坳
松芳嶺
東角灣
花蕊地
橫坑嶺
苦
草
坳
埗嶺
大屋場
25
嶺底灣
苦草嶺
燈盞冚
松山嶺
26
松山坳
27
松山嶺
隔田坳
苦草環
橫坑
松山尾
隔田
木棉仔
苦草尾
橫坑口
輞井村
苦草側
圓嶺仔
河圍

山川志

一、山嶺

輞井半島之上，低坵遍野，盡為培塿，此起彼伏，星羅棋佈，均高不逾百米，然皆各有土名，茲分述如下。

輞井後山

輞井圍與輞井村皆背枕山地，坵陵起伏，統稱輞井後山。其中包括：紅冚頭、井頭山、仰天螺、布狗嶺、松嶺頭、

輞井圍背枕紅冚頭，附近有古木棉。

松山嶺、隔田嶺等。

（一）紅冚頭

輞井圍後枕一坵，略呈卵形者，土名紅冚頭，高二〇．三米。【註一】山之兩側，俱有水泥徑，可通白欖頭。路旁各有喬木，東者為紅棉，【註二】西者為垂榕，【註三】相互對稱，分列左右，如守衛然。兩者均為高樹，自遠方即可遙見，乃該村之顯著地標。

【註一】據地政測量署 1:1000 分區地圖。

【註二】木棉，參閱本編《輿地志》‧《聚落地志》〈**輞井圍**〉【註一】。

【註三】《南方草木狀》卷中：「榕樹，……其蔭十畝，故人以為息焉。……南人以為常，不謂之瑞木。」《嶺表錄異》卷中：「榕樹，府郭之內，多栽此樹。」《植物名實圖考》卷三十七「木類」：「榕樹，兩廣極多，不材之木；然其葉可蔭行人，可肥田畝。」《粵劍編》卷三《志物產》云：「榕樹，肹蠁攸萃。」又卷二《志土風》云：「粵中立社，多寘一石，以為神之所棲。或依巨木奉祀，亦必立石，不塑神像，宛然有古人風焉。」◎垤案：其說乃以兩廣榕樹極多，散佈各處，有『靈感通微』之兆。嶺南人以大樹多有神憑，故土人每依巨材立社，以求靈感之通微也。壇龕無神像，或以石代之，或空空如也，但取「祭如在」之本意而已。他書如《嶺外代答》卷八《花木門》、《粵東聞見錄》卷下、《嶺海見聞》卷二、《嶺南叢述》卷三十八《草木上》等，亦有述及「榕樹」者。又《廣東新語》卷二十五《木語》中述之最詳，可參閱；而李調元《粵東筆記》卷十三竟全抄翁山之文，一字不易，據為己有，以其出於剽竊，故大可不必披覽。

（二）井頭山

在輞井圍之東北側，位於村後。其脈乃自仰天螺南伸，迆邐而下，至此另起一托，遂別成一嶺。其南麓有井一口，土人呼曰『井頭』，對下一隴，稱井頭田，此坵亦因而得名，曰井頭山焉。今其井已枯，僅餘遺迹，隱蔽於叢薄之間而已。

（三）仰天螺　金崗嶺

在輞井圍紅山頭之北偏東約一〇〇米處，西臨白欖頭，北連布狗嶺。其巔東西橫陳，主頂居西，高五二・三米，【註二】孖峰雖小，然自下眺之，彷如螺髻，故稱『仰天螺』。山中無灌叢林木，唯見芒箕茁壯，遍佈於坡間而已，故遠望之，青翠如黛。循主嵴而東，過副頂，是為金崗嶺，其勢坦夷，如履平地。北望所及，則沙橋、南沙、渡頭、麒麟諸嶺，皆歷歷可指。又東趨，前攔一嵴，與之相接，其間雙阜隆然，

隱約可覩者，是為麒麟尾。【註二】

【註一】據地政測量署 1:1000 分區地圖。

【註二】參閱〔麒麟嶺〕條。

（四）布狗嶺

布狗嶺，座落輞井圍背後，位麒麟嶺西側，南與仰天螺相連，乃一矮坵，高僅約四十餘米。西坡之間，盡為果園，荔林茂密，森梢竟谷，其側為白欖頭古道所經。山上植被稀疏，昔多產布狗尾，因以為名。

布狗尾原稱土狗尾，屬草類植物，以狀若犬尾，故名。【註】布狗尾可作藥用，夏季採集，洗淨曬乾，主治止血、解熱、殺蟲等症，載於本草之書。參閱莊兆祥《增訂嶺南采藥錄》上冊頁一一四，編號二七二，作『土狗尾』，莊氏按語謂即狐狸尾之別稱。又李甯漢《香港中草藥》第四輯，頁五八至五九，作『布狗尾』，並附彩圖。

土狗尾，一名「布狗尾」。

『布』與『土』乃一音之轉也。

又或問『布狗』者何？答云：原應為土狗之變音，土狗指中國田園犬，俗呼『唐狗』，云『布狗』者，應是廣府方言之一種，即俗稱之『圍頭話』，或近似東莞、寶安之方言。布狗尾草因狀似唐犬之

【自横坑嶺望輞井後山對景圖】

尾，此乃其得名之由也。

【註】布狗尾，學名 *Urariacrinia* (L.) *Desv varmacrostachya* (*Wall.*) *Benth*〔*U macrostachyl Wall*〕。

（五）松嶺頭　松山嶺

松嶺頭與松山嶺為同一矮坵，北臨橫坑谷與燈盞凹，西北為橫坑嶺，正北為南沙嶺。其山橫亘，東起一頂，土名松嶺頭，高約四十餘米，其上雜樹交纏，芒箕遍佈。自橫坑嶺、南沙嶺南向望之，則皆林木葱鬱，一派黛綠之色，較附近他處之童山禿嶺，實截然而不同也。

松嶺頭之西側，有埡口稱松山坳，一徑北通橫坑、大屋場及燈盞凹等地。自此上攀松嶺頭，則較

易登臨。其巔有鐵皮小屋，放置農具，並無居人。北向矚眺，則近至南沙、橫坑諸嶺，遠及後海、蛇口各地，均可暢覽無遺。

松嶺頭南坡之下，一隴潛藏其間，今闢作萬興果園，乃以園主鄧萬興為命名，其內荔枝成林。萬興為輞井鄧族廿四世孫，歿後與妻文氏合瘞於此，癸未歲建塚山畔，左接丫髻山，右承隔田嶺，墓誌地名作『輞井後山』。

西向越松山坳，起松山嶺，其巔坦平，成狹長形。向北一邊，略呈娥眉狀，號曰『狗腩』，蓋乃堪輿之喝名。【註一】

松山嶺巔多流沙，植被稀疏。聞長者言，昔日此嶺松樹成林，故以為名焉。並謂童年時嘗與友登臨玩耍，猶能見之云。【註二】此與松芳嶺一帶，松樹消失之情況相同，要皆為蟲害所致也。【註三】

松山嶺東南向，越隔田坳，另起一坵，是為隔田嶺，兩者構成『丁』字之形，又東向與麒麟嶺隔谷相望。

松山嶺之西盡處為松山尾，或稱松山仔，一徑直落，可抵輞井村。山半有明季沙江莫氏十五世超凡公塚，重修於清道光十五年（一八三五年），墓誌載葬於松山子（即松山仔），其妻張氏另葬於沙江之營盤下云。【註四】山麓又有清初鄧隆韶與陶氏合塚，重修於道光二十八年（一八四八年），墓誌土名『大松山』。據近人鄧佑明修《廈村鄧氏族譜》載：「公諱其忠，字若孚，號龍（隆）韶，生於萬曆乙巳年，葬輞川。」（原書頁一一一）。墓主為鄧洪惠八世孫，生於明萬曆三十三年（一六〇五年），至國變時年四〇，因《族譜》未載卒年，殆或歿於清初。由是而知，其時（明末清初之世），松山嶺亦稱『大松山』。夫如是，則該處山坵，昔日必多松林，乃村人栽植經濟作物之區，亦可得而知之矣。【註五】至於地名探索方面，輞井於清季中葉，別稱曰『輞川』，此亦見於《嘉慶新安志》所載；稽諸《康熙新安志》則作『輞井村』，入五都，村名與今同。

【註一】山中有輞井村人李濟任、李宗壽合墓，民國十年（一九二一年）辛酉蕭瑞軒定針，據墓誌所言如此。土人謂：自橫坑嶺方向眺之尤似云。

【註二】松樹多見於古籍所載。《廣東新語》卷二十五《木語》，謂松有『山松』、『水松』之別，「東粵之松，以山松為牡，水松為牝。……廣中凡平堤曲岸，皆列植以為觀美。……葉清甜可食，子甚香。」（《粵東筆記》卷十三照錄《廣東新語》『水松』條上半段，至「葉清甜可食，子甚香」二句止，而另立標題作『水松山松』，此石印本斷句有誤，且有脱文。）又《植物名實圖考》卷三十三《木類》：「南方松僅供樵薪，易生白蟻；惟水中椿，年久不腐。……今匠氏攻木者，有灰松、黃松二種。灰松易生，質輕速腐，為藉為薪，皆是物也。黃松亦曰油松，多脂，木理堅，多生山石間。」此外，清人東莞鄧淳《嶺南叢述》卷三十八《草木上》亦有老人松、水松之記載。◎垤案：綜上所述，乃知輞井山地所生之山松，或即古籍所稱之『黃松』，多出油脂。昔日鄉人取松香、松脂出售，以維生計，乃經濟作物之地域也。故輞井一帶，有松冚嶺、松芳嶺、松嶺頭、松山嶺、大松山、松山坳、松山尾、松山仔等地名，可見昔日該區之內，多為松林所覆蓋也。此外，香港山地亦多馬尾松，乃本境內原生植物之一種，參閱本編《山川志・山嶺》〔松芳嶺〕條【註二】所述。

【註三】參閱本編《山川志・山嶺》〔**松芳嶺**〕條。

【註四】參閱《沙江編》《輿地志・野外地志》〔**營盤下**〕條。

【註五】參閱本編《山川志・山嶺》〔**松芳嶺**〕條，及《屯門編》《山川志・山嶺》〔**松山**〕條。

（六）隔田嶺

松山嶺東南，越隔田坳，另起一坵，是為隔田嶺，二者相連，實同一脈。隔田嶺海拔約四十餘米，較松山嶺稍高，巔有測量基準點。登臨縱目，放眼四顧，輞井附近一帶，暢覽無遺。南端伸延至隔田村背，山以之得名。山半坡度徐緩，有荔枝林遍佈其間。或謂此山舊名『花廳嶺』，亦莫知其真確與否？

黃瓜嶺（穿鼻山）

黃瓜嶺即古之穿鼻山，以其前臨穿鼻滘，東北麓乃穿鼻嘴所在，因以得名。穿鼻滘載於《道光本廣東通志》卷一百一《山川略》二及《嘉慶新安縣志》卷四《山水略》，亦見於《屏山鄧氏族譜》中之《屏山鄉全圖》。【註二】穿鼻嘴者，乃位於輞井半島之東北盡處，瀕後海之濱，一岬伸出，指向穿鼻滘，今已改稱尖鼻嘴久矣。

又或有以穿鼻山為渡頭嶺者，因見山下有水警碼頭，遂作遐想，附會以古渡頭在今之尖鼻嘴處，殊不知尖鼻嘴碼頭，乃是六〇年代初期，為防止偷渡潮而興建，矧伸延出海之水警碼頭，亦是後來加築，與古渡頭實不相涉，故其説謬也。

黃瓜嶺山勢修長，山脈斜伸，自東北而西南，三頂相連，起伏有致，兩側坡陡，遠望其形，仿若胡瓜，陳於隴上，先輩遂以為名焉。

黃瓜嶺東北一頂為嶺頭，西南一頂為嶺尾，居中一頂為嶺背。以嶺頭為主峰，即古稱之穿鼻山，高七十六米，乃輞井半島諸坵之冠。【註二】其巔坦平，略呈圓形，周圍高樹環繞，雖有休憩亭及觀景台，然終不得暢

【自沙埔仔遠眺黃瓜嶺、鶴洲嶺對景圖】

眺。其東坡頗峭，林木蓊蔚，山半削壁聳立，下臨大灣園。西坡則較平緩，其麓有壟，土名黌地。

主峰之西南，嵴間山勢平緩，土名嶺背，即胡瓜之節。再西南另起一頂，是為嶺尾，高約六十餘米，於此俯瞰穿鼻滘，沼澤泥濘間，航道中波光樣影，一派水鄉風貌；遠眺元朗河，轉折屈曲，蜿蜒彷如銀帶。登臨縱目，暢覽無遺，每令人心曠神怡，不忍遽去！嶺尾西側，別出支脈，成西北向者，是為石角嶺。

【註一】參閱本編《山川志・周邊海岸》〔**穿鼻滘**〕條。

【註二】據《香港地圖》GSGS3868 第十幅標高。《香港地圖》HM20C 第二幅標高為七〇米。此乃輞井半島之最高處。

嶺腳

黃瓜嶺嶺尾之南，平嶗遞降，過嶺尾坳，前接矮坵，土名嶺腳，高約三十餘米。嶺腳再南延為大灣坳，越之與草蝴嶺相接。

石角嶺

石角嶺為黃瓜嶺歧出之支脈，高五一・二米。【註】在黃瓜嶺之西南側，自嶺尾向西北伸出，成南北向，呈馬蹄形，宛若振臂，蓋二者實屬同脈，中隔一谷而已。谷內皆耕壟，稱黃瓜塱，一溪流注，為黃瓜瀝。近谷口處為釁地，谷外畎畝遼闊，乃塘雁寮所在。前臨海岸，即尖鼻塘也。

【註】參閱以上〔**黃瓜嶺**〕條。據《香港地圖》L882（DOS 331）（1:25,000）英制版第一幅，此山標高為一六八呎，相當於五一・二米。

墩仔

墩仔在東灣仔南岸，位東灣角西南畎隴中，乃一小坵，高僅十餘米，為石角嶺北伸之餘勢。今其上已蓋房屋，周遭復有高樹蔽之，故難以察知其處。此坵諸圖俱不載，獨見於《香港地圖》GSGS L882（1:25,000）第一幅中。

草𡸣嶺

草𡸣嶺在松瓜嶺東北，為黃瓜嶺南伸之餘脈，經嶺腳、大灣坳延展而來。東接瓦窰頭，北臨大灣圍，乃一矮坵，高約三十餘米。其上林木蔭翳，幽森蔽日。西端山畔有雙塚，墓主為黃連茅，清道光十七年（一八三七年）丁酉建，墓誌字迹已剝蝕泰半，模糊難辨矣。

鶴洲嶺

鶴洲嶺或稱鶴藪嶺，在輞井之東，黃瓜嶺（穿鼻山）之南，前臨穿鼻滘西岸，乃一矮坵，呈橢圓形，高約三四・五米，其東瀕海，內側昔為海灣，因長年淤積，形成沼澤，局部或經開墾，亦已轉為畎壟。其濱海一邊稍低處，土名沙埔仔，已開拓為魚塘。低坡之間多紅莨，水禽構巢其中，內多鳥卵。復因此嶺瀕臨後海，泥灘多紅樹林，中有海桐、秋茄、老鼠簕、白骨壤

【自隔田嶺遠眺元朗、錦田方向對景圖】

之屬，為昆蟲、水鳥之類，作棲息繁衍、覓食避敵之所，此與米埔沼澤之地貌，頗有類似之處。

補錄

鶴洲嶺有考古文化遺址，座落於南坡及前方臺地，西鄰為舊輞井公立學校（崇義學校），稍過即為玄關帝廟。遺址之西，一溪自北而南，流注於低窪處，土名鶴藪瀝。考古所在臺地，高約五米，其間有菜畦耕壟。發掘工作始於二〇〇〇年十一月，迄同年十二月十五日告竣。發現之考古遺址，內涵豐富，包括宋、明兩代之房址疊壓文化層，斯乃香港及鄰近地區所僅見者云。【註】

【註】參閱香港考古學會、廣東省文物考古研究所聯合撰寫之《香港元朗輞井圍鶴洲嶺遺址發掘報告》，茲節錄其文於後以供稽覈。

【節錄：鶴洲嶺遺址發掘報告】

鶴洲嶺乃一低崗，高度在百米以下。其外為海岸，內側山麓一帶，地勢較為平坦，有寬闊之臺地，輞井村、輞井圍等聚落皆分佈其間。遺址座落於鶴洲嶺南坡與坡前臺地，西鄰輞井公立學校及玄關帝廟。遺址之西，小溪過其側，自北而南，注入南邊之窪地。位於鶴洲嶺南坡臺地，佈探方四處，編號為MTWT1-T4，面積一○○平方米。發掘工作始自二○○○年十一月，迄同年十二月十五日結束。發掘區所在臺地海拔約五米，表面平坦，現為菜畦，乃村民鄧福林君所有。地層堆積自上而下，劃分為八層（L1-8），從中清理出房址、灰坑、柱洞等遺跡。因遺址需作保護，西部T1、T2探方之清理，下掘至房址F1、F2時告輟。而東部T3、T4探方，則至F3止。為欲確知遺址文化堆積狀況，故選擇T4北部四·五平方米（東西三米、南北一·五米）之內續往下掘，至距地表約二米處，探方底部見水，發掘工作至此結束。輞井圍鶴洲嶺古代文化遺址，內涵豐富，分屬不同時代之文化層，有宋、明兩代疊壓房址出土，乃香港及鄰近地區所首見，意義實甚重大也。

麒麟嶺

麒麟嶺在輞井圍之北，其脈呈南北向，首尾俱備，前者居北，為麒麟頭，後者居南，為麒麟尾，而以麒麟頭為主峰，高五六•一米，【註一】主峰之巔坦平，呈三角形，故又稱三角嶺。土人則謂，此乃『雙頭麟』之象云。自遠覘之，麒麟嶺上，林木稀疏，以往山坡間，且多粗砂碎礫，風化殊甚；而今主峰之巔，已滿佈芒萁，為植被所覆蓋矣。麒麟頭北與渡頭嶺、石角嶺成鼎足而三之勢。麒麟頭與麒麟尾相接處，土名沙冚坳，以在沙冚之上，故名。沙冚者，乃小幽谷，在西坡之下，地近布狗嶺，位白欖頭古道旁。谷內有沼，土人呼為『水湖』，冬令乾枯，則隱而不見。【註二】

麒麟尾高五〇・八米，【註三】一名鳳地山，與麒麟頭本同屬一嶺，二者相連，高亦相埒，而有個別之專名。頂有兩小峰，隱約可見。麒麟尾南麓下臨冚尾，自其巔俯瞰輞井圍及玄關帝廟，近在咫尺。

【註一】據地政測量署 1:1000 分區地圖。

【註二】參閱本編《輿地志・野外地志》〔**沙冚**〕條。

【註三】據地政測量署 1:1000 分區地圖。

三角嶺

在輞井圍之北方，與石角嶺、渡頭嶺構成品字之形，以其巔呈三角形，故名。此山亦名麒麟頭，即麒麟

【自橫坑嶺眺望輞井後山對景圖】

嶺之主峰，參閱以上〔麒麟嶺〕條。

松冚嶺

麒麟嶺麒麟尾東南遞降，餘勢過冚尾，另起一坵，呈圓形，土名松冚嶺，高二十四米，【註】其南麓土名上邊，前臨平野，田疇廣闊，南眺盧舍櫛比處，即輞井圍所在也。

【註】高程據《香港地圖》GSGS3868（1:20,000）第十幅，又《香港地圖》GSGS L8811（1:25,000）第十幅同。

南沙嶺

南沙嶺位輞井半島之北端，當沙橋之背，在南沙莆之上，因而得名。又或以其前臨沙橋上灣，遂誤以『渡頭嶺』稱之。嘗訪諸先輩，則謂『渡頭嶺』，實南沙嶺東伸之餘脈，下與白欖頭古道相接者是也。先輩因經白欖頭北行而至其處，朝西北望，即可遙見後海及南沙古渡之方向，故名之曰渡頭嶺焉，由是可知南沙嶺非渡頭嶺明矣。【註一】

南沙嶺海拔六十八米，巔有三角測點。【註二】

山之陽，主嵴東西兩邊，均向南彎曲，呈馬蹄形，東曰渡頭嶺，西曰橫坑嶺。另有中嵴自沙橋嶺分出，土名沙橋嶺背，簡稱嶺貝，與馬蹄形之左右兩嵴，合而成形，狀若章魚。

主嵴自南沙嶺起，西南向遞降，其始坡度稍陡，且有流沙，至坑尾坳，則山勢平緩，前起一坵，三山相連者，是為沙橋嶺。

主嵴自南沙嶺東南下伸，過嶺仔，落沙岡坪，起沙岡仔。又前越沙岡口，再接渡頭嶺，至老虎冚而脈盡。

【註一】參閱以下〔**渡頭嶺**〕條。

【註二】據《香港地圖》HM20C 第二幅標高，《香港地圖》GSGS3868 第十幅同。又《香港地圖》L882 (DOS 331)（1:25,000）英制版，第一幅，標高二二二五呎，約相當於六八・六米。

沙岡仔

南沙嶺東伸之餘脈，落沙岡坪，起一小坵，即為沙岡仔，再降，至沙岡口，下接渡頭嶺。沙岡仔海拔約三十餘米，較渡頭嶺稍高，巔無植被，土中多含風化砂粒。登臨其

【自松山嶺眺望南沙嶺一帶對景圖】

巔，遙望後海、沙橋一帶，暢覽無遺。南麓有尚德果園，內多桂味荔樹。

渡頭嶺

渡頭嶺為南沙嶺東伸之餘勢。南沙嶺一脈，經沙岡坪，起沙岡仔，再降至沙岡口，即與渡頭嶺相接。渡頭嶺均高約三十餘米。其北麓瀕後海處，即今之沙橋上灣一帶，先輩言舊有渡頭，山以之得名。【註二】

昔時自輞井出發，循白欖頭古道北行，過布狗嶺，經麒麟頭西麓，前望谷口，兩山夾峙，右為石角嶺，左為渡頭嶺。原古道路線，乃於出谷後，歧為兩途：西北向一邊，傍渡頭嶺，經南沙莆田壠，以達沙橋上灣；東北向一邊，循石角嶺，出塘雁寮至東灣角。緣以此一帶海岸，即古渡頭之所在，今已難確指其處矣。故『渡頭嶺』者，其所處方位，實乃輞井通古渡頭之要衝，至此登其山，可遙見沙橋上灣至

塘雁寮一帶，即古渡頭之所在，此乃前人命名之原意也。【註二】

渡頭嶺東南伸，南坡間有鄧金河果園，脈盡於老虎岃，與白欖頭古道相接。老虎岃昔有耕壟，今已棄耕多時矣。【註三】

【註一】參閱以上〔**南沙嶺**〕及〔**老虎岃**〕各條。

【註二】若自渡頭嶺北望，因視線為南沙嶺所擋，沙橋下灣不可得見，故古渡頭非座落於其處，是亦可知也。

【註三】參閱〔**老虎岃**〕條。

沙橋嶺

沙橋嶺或稱沙橋山，當沙橋下灣之上，故又稱下灣嶺，與橫坑嶺之間，相隔下灣坳，山口西北出一溪，為沙橋坑，注入後海。

沙橋嶺三山起伏，有大嶺、南嶺、北嶺之分。大嶺居中，為主頂，高約四十餘米。南嶺位大嶺之南，近下灣坳，高稍遜之。北嶺位大嶺之北，乃一小頂，北連坑尾坳，與南沙嶺接脈。是處一帶山坡，久經風化，土質脫落，砂礫滿佈，植被稀疏，僅孤松數株，點綴其間而已。

沙橋嶺背

沙橋嶺主峰為大嶺，其東南下伸一脈，山嵴修長，分南北兩段，高僅三十餘米。居

【自黃瓜嶺背回顧南沙嶺羣坵對景圖】

北者為沙橋嶺背，以其位沙橋嶺之後，故名。或書作嶺貝，『背』與『貝』音同。又居南者則為松芳嶺，詳見下條所述。沙橋嶺背與松芳嶺之間，中隔小坳，土名花蕊口，因近花蕊地北側而得名。

松芳嶺

松芳嶺在沙橋嶺背之南，兩者實同為一山，詳見上述。其南端前臨橫坑谷，西南耕壟，即大屋場所在。山中有鄧黃氏墓，碑誌『土名輞井松坊嶺』，『坊』即『芳』之音訛。【註二】

輞井半島之北，山坵星羅棋佈，瀕後海之濱，有南沙嶺，其脈東至沙岡仔、渡頭嶺，南至沙橋嶺背、松芳嶺，西至沙橋嶺、橫坑嶺，以及東角嶺、苦草嶺等。據一九四五年版《香港地圖》所載，其時是處一帶，山坵之間，盡屬松濤盈壑，蒼鱗浮翠之境，而今則植被全無，牛山濯濯，前後景象，迥然不同，斯何故耶？夷考八〇年代初，突有寄生蟲，入侵本境，松樹感染而大量枯槁，最終至於滅迹。【註二】

該坵原名松芳嶺，由此可證，曩者滿山必松林密佈，為喬幹凌雲之域。夫若是，方能切合其得名之所由也。【註三】

【註一】該墓建於清光緒廿二年（一八九六年）丙申，高要梁鑑泉定針，喝形『金牛轉車』云。

【註二】香港山地原生者多為馬尾松，是處山區，或曾遭『松材線蟲』（學名：*Bursaphelenchusxylophilus*）之類入侵，導致松樹大量死亡。是類寄生蟲，乃一九八二年在南京中山陵首先發現者。參閱以上〈**松山嶺**〉條。又拙著《屯門編》《山川志・山嶺》〈**松山**〉條，亦有述及。

【註三】據一九四五年版《香港地圖》GSGS3868（1:20,000）第十幅所載資料，是處山坵，包括丫髻山北部，均繪有松林，較為特別。以後再版之該系列地圖第十幅，則只用綠色標出。綜合兩者觀之，可見當時景況，松樹之生長，仍甚茂盛也。後訪諸鄉叟，確知此皆為松林，並謂昔時該處，山坵景象，均為茂草高林云。

橫坑嶺

橫坑嶺在苦草坳之東，海拔四十九米，【註一】西與苦草嶺隔峽相望，以南麓下臨橫坑，因而得名。【註二】其脈乃自南沙嶺西南向，越下灣坳伸延而來，蓋二者實為同嶺之山體也。

【註一】據《香港地圖》GSGS3868（1:20,000）第十幅標高。
【註二】參閱本編《野外地志》〔**燈盞山**〕條。

埗嶺

埗嶺，或謂乃埗頭嶺之略稱，與橫坑嶺同脈，位苦草坳之北側，呈狹長形，成南北向。其上為鄧族塋域，中有鄧曾氏塚，碑刻土名如之。其南端稱埗嶺坳，山脈折而趨東，是為橫坑嶺。埗嶺坳西側，有徑可通苦草坳。

圓嶺仔

圓嶺仔在輞井村之西南，位畎隴間，高僅二十餘米，略呈橢圓形，其上坦平，植被為荒草及灌林。其東即輞井村所在。輞井村之西部舊稱圓嶺仔村，即以之得名。此坵之西，隔隴與沙江區之芒果仔相對。北坡近輞井一邊，有農舍及小菜畦。

苦草嶺

苦草嶺在輞井村之西北約四六〇米處，瀕後海之濱。東南麓下臨苦草，因而得名。矮岡狹長，成南北向，嶺頭居南，越嶺頭坳為嶺頂，乃全山之主峰，高四十二米，【註二】山梁之上，有石英脈，貫串其間。貯立巔上，可遙見後海中之冚地牛。山麓一岬，突出海中，稱嶺頭嘴。

循嵴而北，越嶺背坳為嶺背，坳畔有斷碑一方，橫陳徑畔，裂為四塊，乃清嘉慶壬戌屏山鄉人鄧渭升墓葬舊物，不知何以被棄置於此？內記土名有『虎草』。該處地名原作『苦草』，屏山鄧氏乃於其時改用『虎』以取代之。【註二】

過嶺背又北，為嶺尾坳，脈向海岸彎出，與主嵴構成馬蹄形者，是為嶺尾，或稱苦草嶺尾，乃苦草嶺之北盡處。

苦草嶺之西，下臨後海邊，中有石崖，坡度陡峻。嶺尾之東側，有埡口，名苦草坳，為尖鼻嘴公路

東角嶺海崖之姊妹石。

（深灣路）所經，越之而東，即起步嶺及橫坑嶺。

【註一】據《香港地圖》GSGS3868（1:20,000）第十幅標高。又《香港地圖》L882（DOS 331）（1:25,000）英制版第一幅，此山標高為一三四呎，相當於四〇・八五米。

【註二】參閱本編《輿地志・野外地志》〔**苦草**〕條。

東角嶺

東角嶺乃一小坵，瀕後海之濱，漁人稱望鱟嶺，高約二十餘米，嶺上草木葱鬱。其脈乃苦草嶺尾之餘勢，過運牛凹北向伸延而來。東靠苦草坳處，山勢較為平緩。西端坡陡，峻崖森列，臨後海之濱。其下形成小岬，名東角頭。涯涘間有孖石，漁人呼曰姊妹石。【註】

【註】參閱本編《山川志・周邊海岸》〔**東角頭**〕條。

二、埡口

苦草坳

苦草坳在苦草嶺與橫坑嶺之間，北連運牛凹，南通苦草，現為尖鼻嘴公路（深灣路）所經。

下灣坳　北嶺坳　大嶺坳

此三者均位於沙橋嶺中。

下灣坳在沙橋嶺、南嶺與橫坑嶺之間，以俯臨沙橋下灣，故名，一名南嶺坳。埡口山勢平緩，有輕便車路，南入大屋場，北通下灣村。

北嶺坳在沙橋嶺大嶺與北嶺之間，故名。是處坡土，風化嚴重，山徑多流沙。大嶺坳在沙橋嶺南嶺與大嶺之間，埡口山徑鋪以水泥，乃專為方便展墓而建，非通途之所由也。【註】

【註】參閱本編《山川志・山嶺》〔**沙橋嶺**〕條。

沙岡口

沙岡口位於沙岡仔與渡頭嶺相接處，有徑南下，穿尚德果園，落老虎冚；北經南沙塱，可通沙橋上灣。

二〇一五年前後，白欖頭古道北段，遭人為破壞，非復原貌，以致麒麟嶺、老虎凹以北，石角嶺、東坑仔以西一帶平疇，堵塞不通，故須於渡頭嶺南，改道入老虎凹，再循渡頭嶺南側山徑上坡，經沙岡口，北趨南沙墪，方可抵沙橋上灣。

坑尾坳

坑尾坳在南沙嶺主峰西南坡下，下臨坑尾田，故名。南與沙橋山之北嶺相接。坳上舊有孤松一株，傀然獨立其間。今山行過此，已不可復覩矣。參閱本編《山川志・山嶺》〔南沙嶺〕條。

花蕊口

花蕊口，位於沙橋嶺背與松芳嶺之間，前者處北，後者居南。埡口之上，地勢坦平，以靠近花蕊地北側，因而得名。

沙凹坳

沙凹坳在麒麟嶺上，乃麒麟頭與麒麟尾之相接處，故或有稱之為『麒麟腰』者。其西即沙凹所在，因以為名。

凹尾坳

凹尾坳位於凹尾東側，為麒麟嶺與松凹嶺接脈處，高二六・七米，【註】其間蹊徑分歧，西南通輞井，北連石角嶺車路，可趨黃瓜塱、黨地、塘雁寮等處。

【註】據地政測量署 1:1,000 分區地圖。

嶺尾坳

嶺尾坳在黃瓜嶺嶺尾處，因以為名焉。北枕黃瓜嶺，南連嶺腳，其東即大灣圍所在處。

大灣坳

大灣坳在黃瓜嶺之南，位草嶼嶺與嶺腳之間，高僅十餘米，西接下邊塱。其東入大灣圍處，有簡便車路可通。

隔田坳

隔田坳在松山嶺與隔田嶺之間，以其下臨隔田村，因而得名。有徑東南向下坡，過荔枝林，即抵輞井村。

三、河涌・溪澗

本區水系，均屬畎澮小溪，蓋皆出自低垢間，流域既短，水量亦稀。若逢旱季，河床裸露，且有枯水、斷流之虞。諸溪以橫坑最長，其餘為沙橋坑、東坑仔、黃瓜瀝、大灣瀝等，分述之如下：

橫坑

橫坑乃輞井區最長之溪流，因其東西橫亙，故名。導源於南沙嶺主峰南麓，其上游稱橫坑尾，南流經坑尾田，出谷折向西南，是為中游，始稱橫坑，其北一坵以之得名，曰橫坑嶺焉。中游一段，今已被堵截，改築魚塘。有兩處，一在大屋場，一在燈盞凹，遂致下游淤塞不通，乾涸無水，原有河道亦告消失，斯乃上源被截流之故。現僅餘燈盞凹近黃泥潭處，及下游近木棉仔一段，因水位較深，尚能保留舊貌耳。木棉仔以下，已修建人工渠，以致河流改道，於苦草角側出海，此為新橫坑口，而舊橫坑口，乃位其南之下苦草西側，兩者相距約一六〇米。

沙橋坑

沙橋坑有南、北兩源，前者出橫坑嶺北坡，後者出沙橋山下灣坳間，合而西北向，經沙橋村下灣，注入後海。今下游過村中之一段，已鋪三合土，改成人工渠道矣。

東坑仔

東坑仔在輞井半島北端，源出麒麟頭北麓之老虎冚，北流入南沙塱，經東坑田注入東灣仔。

黃瓜瀝

黃瓜瀝乃一小溪，流域甚短，源出黃瓜嶺與石角嶺峽谷間，經黃瓜塱、黌地，過塘雁寮西側，北流至東灣角，注入後海。

大灣瀝

大灣瀝乃黃瓜嶺東入大灣圍之小溝，水系甚短，水量亦稀。

鶴藪瀝

鶴藪瀝在鶴洲嶺側低窪中，甚短，呈南北向，其東側為鶴洲嶺考古遺迹。此實乃沼澤潦水，經久積聚形成，非屬溪流一類，土人特以『瀝』稱之耳，故地圖亦未見繪入也。

黃泥潭

黃泥潭在燈盞凹附近橫坑中，溪內原有潭一泓，今河流被截，築堤豬水成塘，已不可復見。參閱〔橫坑〕條。

水湖

水湖土名或呼沙冚水湖，在麒麟頭之西麓，潛藏小谷中，近白欖頭古道旁。其地荒僻，山畔雜樹交纏，草木蒙茸。夏日雨過，山潦溷聚其中，成湫一泓，莫測深淺，其外灌林覆蔽，未知是積潦抑為陰泉也？聞村婦言：夏日於此汲水，稀釋農藥，惟未敢作食用云。意者，此或是山邊水凼，體積較大者，但並未成『湖』。又或謂當作『壺』，乃壺穴之類也。

四、周邊海岸

後海（后海）

『後』、『后』二字古通，故亦可書作『后海』。【註一】拙著《香港水域航行脞錄》卷三十二《後海・概説》云：「後者，謂與『前海』相對而言，以地理角度觀之，應作『後海』為合。又因海口北端，有赤灣天后廟，故亦可以『后海』稱之。」

現深圳蛇口灣下之北，尚有後海村，書作『后海』，乃以之得名。后海村之東，近岸處則稱后海灘。【註二】

後海，今亦稱深圳灣，英名為『深灣』（Deep Bay），故流浮山通尖鼻嘴之公路，乃據英名定作『深灣路』焉。關於後海，見於《中國海航導》卷一第十四章，據中名譯作 *Hau Hoi Wan*（後海灣），但並無『深灣』（Deep Bay）一名。清末陳壽彭譯《中

一九五四年版《英國海圖》6960（1:50,000）後海（局部）。

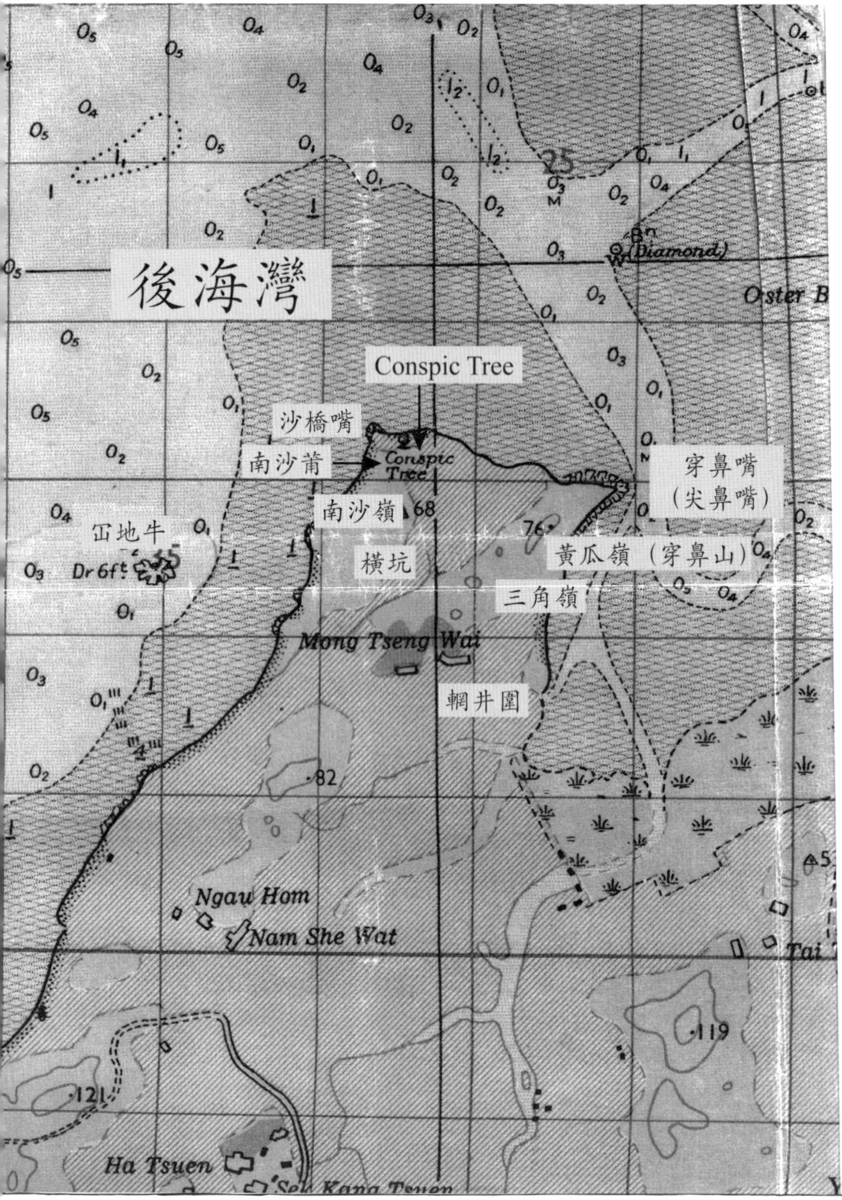

國江海險要圖誌》卷五缺載，只記龍鼓、沙洲及龍鼓水道（銅鼓港），而於後海，則無片言及之。

【註一】《尚書・武成》：「告於皇天后土，所過名山大川。」又《禮記・大學》：「知止而后有定」五句，用『后』；下文『知所先後』句，則用『後』。可見二字古通用。

【註二】后海村多鄧姓，其餘為雜姓。后海灘，參閱《廣東省海域地名志・海部地名圖》。

穿鼻滘

《嘉慶新安縣志》卷四《山水略》：「穿鼻滘在城東南三十里，發源於大帽、紅水諸山，由錦田、屏山十餘里西北合流，匯於穿鼻嘴，南折而入沙江海。」又《道光本廣東通志》卷一百一《山川略》二「新安縣」（穿鼻滘）條所載全同。可見『穿鼻』之名，古已有之。『穿鼻』，謂用繩索或鐵環，貫穿牛鼻之中隔，使之馴服以供田役也。聞故老言：『穿鼻』云者，因岬間有兩海蝕小穴，形肖牛鼻氣孔而得名。又據《屏

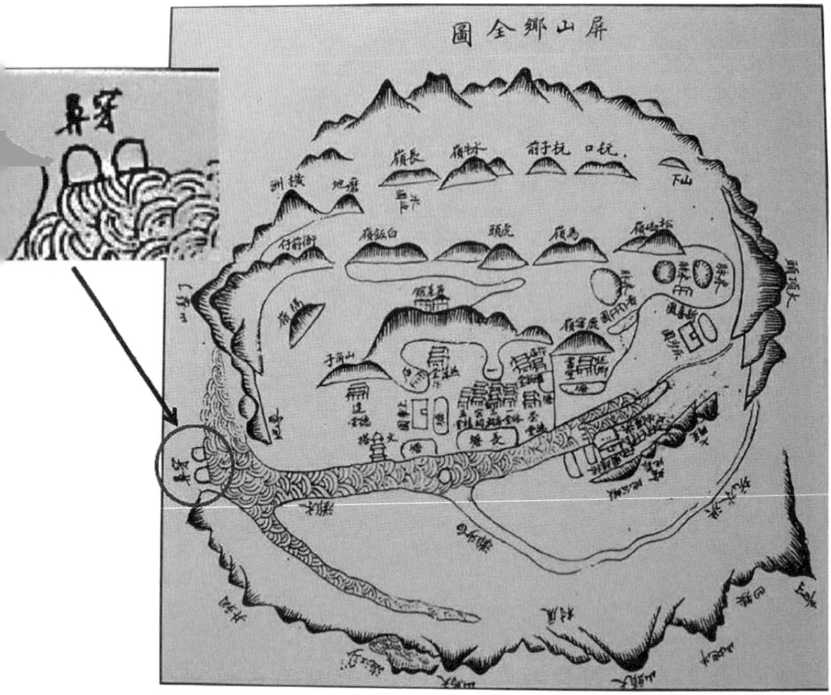

《屏山鄧氏族譜》內之《屏山鄉全圖》。

山鄧氏族譜》中之《屏山鄉全圖》，『穿鼻』在輞井之東，圖中有雙穴者，即其處也。輞井穿鼻滘乃在後海之東盡處，再南向內伸，進入香港境內。淺澳中皆為泥灘，其南端盡處，共納錦田河、屏山河、海仔涌（即今天水圍涌）之水。錦田河之出口，現稱元朗涌口，在豐樂圍與甩洲圍間，今小艇仍可通航。至於屏山河之出口，夾於豐樂圍與聯德圍之中；海仔涌之出口（即今天水圍涌出口），位於聯德圍與河圍之間，二者早已為港英政府所堵截，構築長堤，相互連貫，並於其內開墾，乃天水圍之雛形。

至於穿鼻滘、穿鼻山之名，今雖堙沒，然早年輞井故老，仍能道之。其獨能保留至今者，則唯『穿鼻嘴』一名，而『穿』現已改作『尖』，『穿鼻嘴』遂亦嬗變而成『尖鼻嘴』焉。

穿鼻滘內水淺，但小艇仍能通航。今屏山河、海仔涌已塞，唯元朗涌尚可泛舟耳。【註二】一九七五年夏，嘗偕友數輩，雇小木船，發自穿鼻滘，循元朗涌溯流而入，

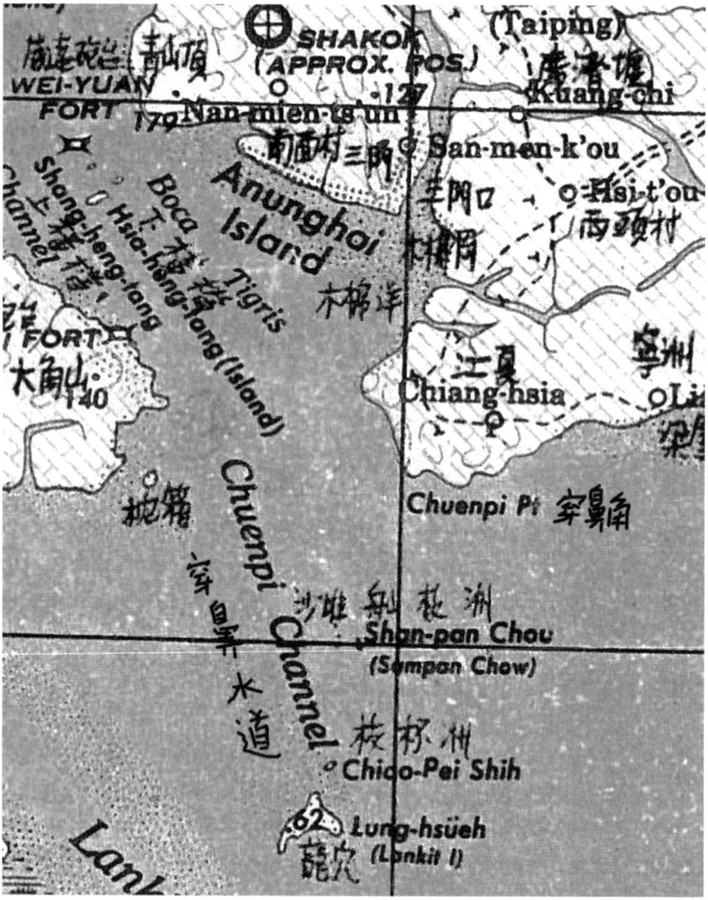

一九四四年版《中國本部地圖》A. M. S. L581 ， Sheet 84 ，穿鼻水道部分。

至榮基涌尾而止。是回航程所歷，亦有可堪記述者，乃為筆之於書，輯入拙著《香港水域航行脞錄》中以存參焉。【註二】

此外，關於以『穿鼻』作地名者，除新安鰂井有穿鼻滘外，尚有東莞境內之穿鼻洲，兩者一在南，一在北，然實同名而異地也。是故昔年清廷與英國所訂之《穿鼻草約》，乃指東莞虎門附近之穿鼻洲，非謂新安鰂井之穿鼻滘明矣，吾人切莫混淆為一也。【註三】

東莞之穿鼻洲，位於太平鎮之南，東接合瀾海，西連木棉洋，北通虎門水道，南出珠江口。此外，又有穿鼻角，位於島之南端，隔穿鼻水道（Chuen Pi Channel）與龍穴洲相對。島之西南即沙角礮臺所在。東南向與鰂井穿鼻滘，直線距離約四十五公里，惟彼此之間，無舟車能直達耳。【註四】

【註一】以上皆已見前述。

【穿鼻滘圖】

（河道未經整治前舊貌）

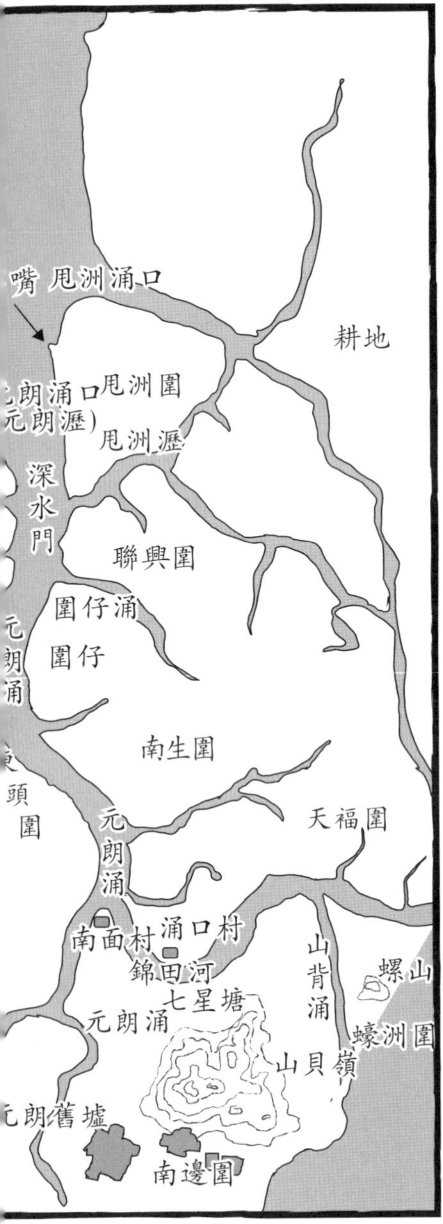

沙橋村
穿鼻嘴
(尖鼻嘴)
穿鼻滘
南沙嶺
黃瓜嶺
大灣
橫坑嶺
麒麟嶺
苦草嶺
松山嶺
瓦窰灣
鶴洲嶺
泥灣角
東山嘴
輞井村
輞井圍
泥灣
沙埔仔
鶴洲塘
魷魚嶺
豐樂圍
河圍
河圍角
海仔涌口
望西岃
海仔魚塘
屏山河口
大洲圍
海
仔
涌
聯德圍
獅山
(紅墳嶺)
屏山河
吳屋村
耕地
盛屋村
大井圍
耕地
耕地
象山
馮家圍
丫髻山
(豬郎山)
橫洲
蝦尾新村
耕地
橫洲嶺
橫洲河
上璋圍
山仔頭
屏山
蟹山

【註二】文載《香港水域航行胜錄》卷三十二《後海》篇中，今將全文附載於篇末，以供參考。

【註三】《穿鼻草約》（*Convention of Chuanbi*），乃清道光二十一年（一八四一年）欽差大臣琦善與英國查理・義律（Charles Elliot）私訂，內容包括割讓香港等事宜。

【註四】參閱《廣東地圖》GSGS4691（1:50,000）分幅 N9 SW〔虎門寨〕，圖內除沙角礮臺外，其南尚繪有崙山礮臺一處。又《英國海圖》3588（1: 100,000）〔廣州至澳門〕穿鼻角標作 *Chuen Pi Point* 並繪有沙角礮臺。《中國東南部地圖》A M S L581（1:250,000）分幅八十四，僅有 *Chuen Pi Point* 而無中名。《香港與鄰近地區圖》HM300C（1:300,000）僅有虎門地名一處，餘者均付闕如。

【節錄】《香港水域航行胜錄》卷三十二《後海・東部》

（上略）

〔東部・穿鼻滘〕

穿鼻滘之名，海圖、地圖俱不載。今據《新安縣志》所述，及造訪於當地土著，如輞井、大井一帶村人，始獲知其地原名，實應為穿鼻滘也。惟穿鼻嘴一處，今已改稱尖鼻嘴。《嘉慶新安縣志》卷四《山水略》：「穿鼻滘在城東南三十里，發源於大帽、紅水諸山，由錦田、屏山十餘里西北合流，匯於穿鼻嘴，南折而入沙江海。」又《道光本廣東通志》卷一百一《山川略》二「新安縣」〔穿鼻滘〕條所載全同。

穿鼻滘位於後海之東盡處，乃一內澳，南向伸入陸地。灣口廣闊，東起大望基南端之甩洲涌口，西迄輞井東北之尖鼻嘴，弧徑長約二公里。海床泥底，水淺，為屏山河、錦田河諸水之所匯。

穿鼻滘內水淺，全為泥底，西北端靠尖鼻嘴處較深，潮退時，水位仍達一・八米有奇。【註一】該處建碼頭一座，岸上為尖鼻嘴警署。碼頭所在處有海溝，屈曲呈S形，深度一・四米至二・三米。此溝之外，則盡為蠔浦，即海圖中標作『牡蠣養殖區』(*oyster beds*) 之處。【註二】

自尖鼻嘴循暗溝進入，於轉向處均設有鑽形浮標，上置導航燈，白光，計凡五座，以達元朗涌口。由此駕舢舨朝東南航，前望有河口兩處，左方狹者為甩洲涌口，右方寬者為元朗涌口，中隔一岬，土名石嘴。元朗涌口一稱元朗瀝，乃錦田河下游出海處。循元朗瀝內進，東為石嘴、甩洲圍，西為東山嘴、豐樂圍。靠岸兩邊，一片平疇，放眼皆是基圍，呈現水鄉風貌。豐樂圍南接大洲圍，其南不遠為深水門。深水門位甩洲圍與大洲圍之間，水位約一米，乃河道之最深處，故名。

又南，東岸有水口二處，前曰甩洲瀝，後曰圍仔涌。圍仔涌北岸，為聯興圍。圍仔涌南岸，即圍仔所在處。圍仔西北端，涌畔有警崗，建埗頭以泊舟，遙望甚顯著。

西岸自大洲圍以下，盡屬沼澤之區，一坵隆然其間者，土名獅山，或稱紅墳嶺，海拔五十三米。過此河道轉向東南，東岸為元朗南生圍，西岸為橫洲東頭圍。東頭圍背枕象山，或稱豬郎山，海拔五十五米。

舟行至此，南眺前方，船頭正對一岬，上有聚落，村舍櫛比，是為涌口村，舊稱南面村。河道於此歧為兩支：西南向者，左通元朗舊墟，曰元朗涌；右通橫洲，曰橫洲河。東南向者，即為錦田河下游，是為主流。

一九七五年夏，嘗與友儕雇機動小舟，自大洲圍對出近深水門處，啟碇南向航行，乘潮漲溯流而上，沿錦田河主幹，繞南生圍之南，經涌口圍渡頭，轉向東航。是處河流污染，情況極為嚴重，水色如墨，惡臭難耐，眾皆以巾掩鼻，幾絕呼吸！右舷為山背村所屬，前有七星塘，位河堤之後，呈長方形，面積廣闊，乃鄉人養魚之所。村南岡巒起伏，總稱山貝嶺，主頂為嶺頭，高六十六米。左舷為南生圍所在，但見白千層整齊排列，沿圍堤連成直線，最為矚目。過此東航，北岸是天福圍，內有魚塘。南邊一水來匯，為山背涌，矮坵一座，位其東側，綠樹濃陰，望之如黛，土名螺山，高二十九米，其麓盡為沼澤，名蠔洲圍，亦有魚塘。過此續向東航，至榮基涌尾，水位甚淺，河床污坭滿佈，穢氣刺鼻，令人煩厭。聞榜人言：「前行不遠，底有礁石，河道淤淺，舟不能進矣」，遂止。【註三】由是折返，至涌口圍渡頭，艤舟登岸，方脱混濁之境。……

（下略）

——【節錄】拙著《香港水域航行脞錄》卷三十二《後海・東部》

【註一】據《英國海圖》6960（1:50,000）〔後海〕（Sheet 1）、《英國海圖》343（1:50,000）〔汲水門至穿鼻水道〕（North Sheet），水位為一潯。

【註二】參閱《英國海圖》6960（1:50,000）〔後海〕（Sheet 1）、《英國海圖》343（1:50,000）〔汲水門至穿鼻水道〕（North Sheet），是處水位為四分之三至一又四分之一潯。

【註三】近年此處河涌，經政府整治，改作人工渠道，並賦以新名，已與本篇所述，迴然不同矣。茲篇所述，亦僅供回憶與參照而已。

尖鼻嘴

尖鼻嘴在輞井半島之東北端，原名應作穿鼻嘴，長岬外伸，狀若匕首，鋭鋒東指，入於後海，此或乃後人易『穿』作『尖』之來由也。東北前對深圳河口，東與大埕基隔海相望，東南為甩洲、豐樂圍、元朗涌口，南接舊屏山河口、海仔涌口（即今天水圍涌出口）。此一帶淺灘海域，即古之穿鼻滘所在處，前已備述之矣。是故今之尖鼻嘴，亦即志書所稱之穿鼻嘴，斯乃無可置疑者也，可參閱《嘉慶新安縣志》卷四《山水略》〈穿鼻滘〉條。

尖鼻嘴與米埔溼地東西相望，同屬後海灣『拉姆薩爾溼地』（*Ramsar Wetland*），是處候鳥翔集，棲息其中，遂使附近一帶，形成觀鳥勝地。尖鼻嘴長岬外伸，前對深圳河口，港英政府建警崗一座，矗立於其處。一九九〇年至二〇〇〇年間，先後與流浮山警署被納入天水圍分區之內，並下轄於天水圍警署。

尖鼻嘴以南，海岸線在穿鼻滘內，位於西邊，其東則入元朗、新田，非屬本區範疇之內，故於此編則略而不述。

尖鼻嘴以南，即穿鼻滘之西岸，今有司於其外築堤，上建車路，自尖鼻嘴南下，過海仔橋（即今天水圍涌出口處），可通豐樂圍及橫洲等地。堤內與舊海岸之間水域，則闢作魚塘，北起大灣圍，南迄沙埔仔一帶，一派水鄉風貌。堤外為穿鼻滘，泥灘遍佈，紅樹茁壯，高聳成林，視野為其所蔽，穿鼻滘外風光，終亦不得暢眺。

自望西峁大嶺俯瞰天水圍涌。

尖鼻嘴以南

尖鼻嘴南向，位於海堤之內者，今開闢為魚塘。塘之西邊，即昔日穿鼻滘西海岸線也。是處自北而南，順序包括大灣、瓦窰灣、泥灣、鶴洲塘，以迄河圍角，與舊屏山河口、海仔涌口近在咫尺。海仔涌口，即今天水圍涌出口處是也。茲分述之如下：

大灣位黃瓜嶺主峰大嶺之南麓，即古之穿鼻山下，岸上有耕地，因以之得名，曰大灣圍。大灣之南，過瓦窰角為瓦窰灣，岸上舊有窰戶，地名瓦窰頭，灣以之得名。又南為泥灣角，下接泥灣，又南為沙埔，當鶴洲嶺之東麓，有田。又南為鶴洲塘，越之為河圍角，至此已抵昔日之穿鼻滘南端盡處。

補錄

穿鼻滘水域內之河涌，近年經政府整治，包括築堤造塘，改良水道，挖槽疏浚，修建明渠，排污除臭，潔淨水質等，其規模之恢宏亦可知矣。及工程完竣，又於河涌之間，另更新名，然與原有土名大相逕庭，此則莫明其故？

近取新舊版輿圖互對，始覺曾經精測之處，出現同地異形，舊貌新顏，已迥然不同，此實非本書範疇所能囊括矣。今於本書中仍保留舊名者，其用意乃不欲先輩所立之名，漸趨於堙沒無聞，亦藉以保留其原貌，並詳述其概畧，以供喜研香港史地者之參攷與稽覈焉。

尖鼻嘴至沙橋嘴

尖鼻嘴以西一帶海岸，北臨後海之濱，今或稱深圳灣。此處自東而西，順序有尖鼻塘、東灣角、東灣仔、上灣角、沙橋上灣等地名，茲分述如下：

尖鼻塘乃一小灣，村老謂，原稱穿鼻灣，位穿鼻山之北麓，俱以穿鼻嘴而得名。穿鼻山者，即今之黃瓜嶺，已見前述矣。

尖鼻塘之西為東灣角，乃黃瓜瀝入海處。前接東灣仔，岸上為東坑田，一溪流注而出，是為東坑仔。又西，先為上灣角，繼為上灣側，越此即與沙橋上灣相接。沙橋上灣東側，土名罡口，西側為菜園仔。此一帶海邊，自東灣角

一九七九年版《英國海圖》343 中之航標，乃位於罡口附近之朴樹，亦可參閱 P.122《英國海圖》6960。

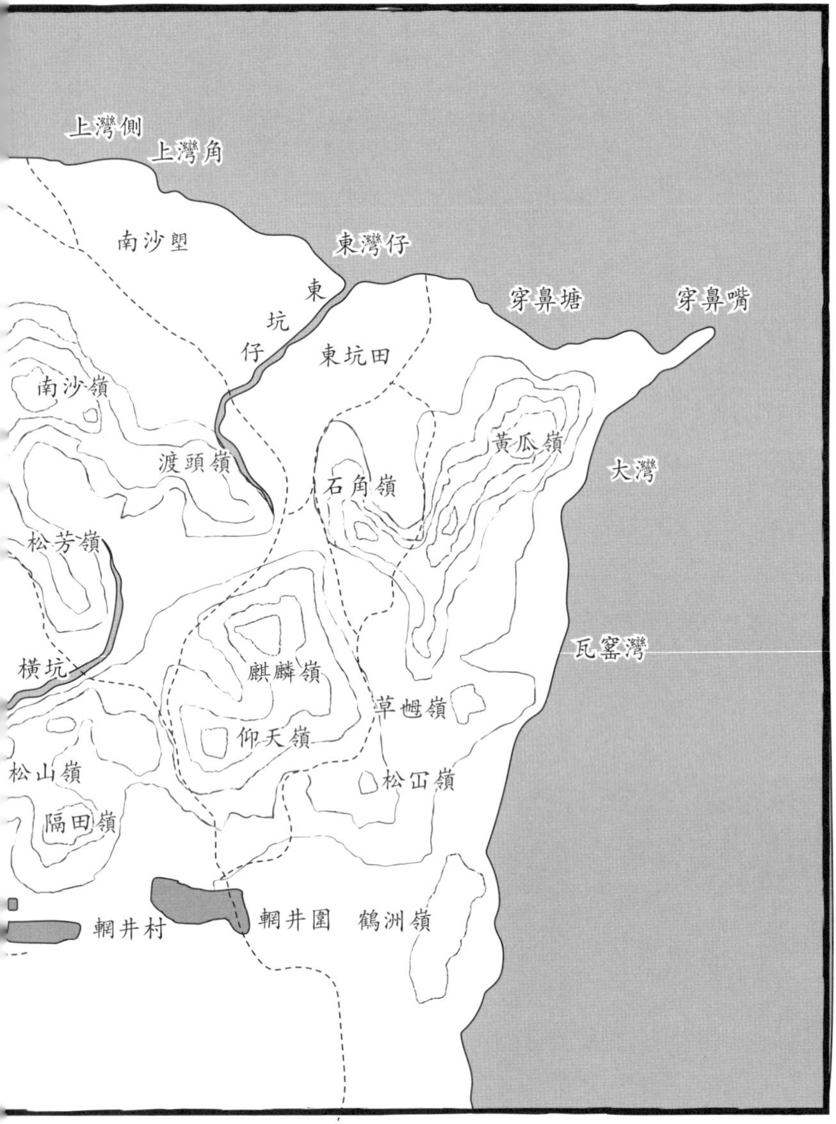
上灣側
上灣角
南沙塱
東灣仔
東坑仔
穿鼻塘
穿鼻嘴
東坑田
南沙嶺
黃瓜嶺
大灣
渡頭嶺
石角嶺
松芳嶺
瓦窰灣
橫坑
麒麟嶺
草岫嶺
仰天嶺
松山嶺
松冚嶺
隔田嶺
輞井村
輞井圍
鶴洲嶺

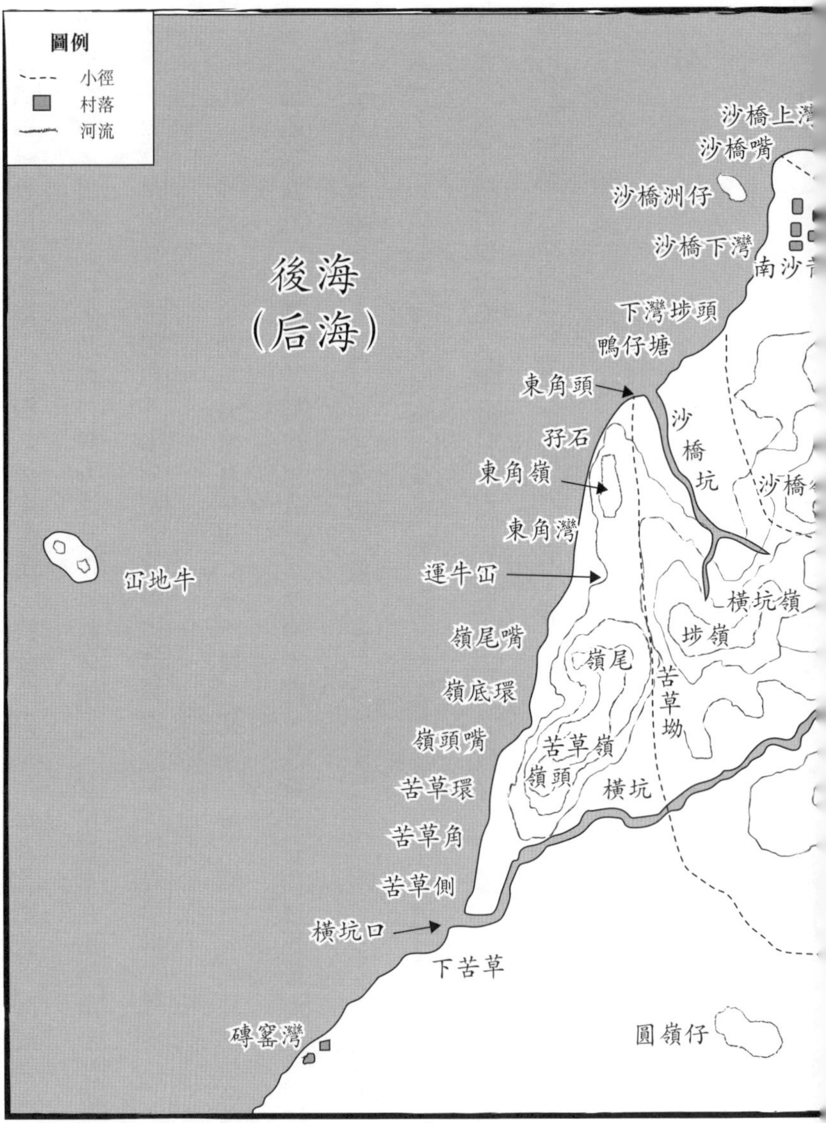

【尖鼻嘴至沙橋嘴海岸地名圖】

至沙橋嘴，近岸皆泥灘，紅樹林滋生繁茂，故欲眺海景，每為其所蔽。聞故老言：附近海濱，舊有渡頭，乃輞井村人泛舟後海赴南頭處，其位置當在東灣角至沙橋嘴之間，包括東灣仔、上灣角、上灣側、沙橋上灣等地，而今已無遺迹可尋矣。

冚口位沙橋上灣東側，海濱有朴樹一株，巋然兀立，最為觸目。因朴樹枝幹堅韌，可阻擋強風，能矗立於海岸，久歷年所而不摧，故昔日曾用以作後海航行之標識，載入海圖中以供參閱，見《英國海圖》6960（1:50,000）〔後海〕（Sheet 1）、《英國海圖》343（1:50,000）〔汲水門至穿鼻水道〕（North Sheet）等。今沙橋村民，於灘岸建埗頭，泊小艇以便出海。上灣自東而西，有冚口及菜園仔。下灣自北而南，有『泥脊』及鴨仔塘，連同已荒置之沙橋嘴一處，計凡五座之多。

沙橋嘴至苦草

沙橋嘴以南，至苦草一帶沿岸，西北面臨後海，對岸為深圳市蛇口區所在。該處海岸，自沙橋嘴西南向，順序包括沙橋嘴、沙橋洲仔、沙橋下灣、鴨仔塘、東角頭、東角灣、嶺尾嘴、嶺底環、嶺頭嘴、苦草環、苦草角、新橫坑口、舊橫坑口等，茲分述如下：

（一）沙橋嘴　沙橋洲仔　沙橋下灣　鴨仔塘

沙橋在輞井半島之最北端，一岬名沙橋嘴。其西側即沙橋村下灣所在，前臨海岸，即沙橋下灣，有泥脊自泥灘西北向伸展而出，外連乾出小阜，其上紅樹蔭翳，遠望如培塿，故有洲仔之名，應是沙橋洲仔之簡稱。【註一】

今沙橋一帶灘岸，唯見品種不同之紅樹，如水筆仔之類，均茁壯欣榮，穠茂成林而已。【註二】

曩者殖蠔全盛期，村民於沙橋洲仔泥脊之側，建埗頭以作搬運，並於其上鋪以洋灰，形成一徑，惟潮漲時則滌蕩水中，潮退後則泥濘一片。此乃因後海波浪甚弱，導致底質之沖積越厚，【註三】而紅樹林如老鼠簕之屬，生長迅速，故往往塞途，需村人勤作刈除，方能保持通暢也。【註四】

鴨仔塘在沙橋下灣之西南，中隔下灣埗頭，為昔時附近養鴨人家作海灘放飼之所，故以為名。

【註一】拙著《香港水域航行脞錄》卷三十二《後海・中部》（白泥角至尖鼻嘴）載云：「沙橋下灣，……有『泥脊』自岸邊伸延而出，淤泥隆起之處，……或稱『沙橋洲仔』。……是處瀕海之區，目之所及，盡為蠣殼，散佈於泥灘之間。」

【註二】水筆仔，學名 *Kandeliaobovata*，又稱秋茄，生於河流出海口之泥灘及溼地間，能將鹽份貯於老葉中，俟其脱落而除去。

【註三】底質（*quality of bottom*）。

【註四】老鼠簕，學名 *Acanthus ilicifolius Linn*，葉邊鋸刺堅硬，又因果實纍聚如鼠而得名，鄉人或有呼作『牛簕』者，其根可作藥用，治胃痛及慢性肝炎。參閱李甯漢《香港中草藥》第一輯，頁一三八至一三九，並附彩圖。又莊兆祥《增訂嶺南采藥錄》上冊頁一三三，編號三一三，亦有紀載，書作『老虎竻』，據莊氏按語所述，實即為『老鼠簕』也。

（二）東角頭　東角灣

海岸自鴨仔塘南向，為東角頭、東角灣。東角頭有孖石，矗立涯滌間，或稱姊妹石，漁人則以望鬢石、望魚石呼之，故東角灣亦稱孖石灣或望鬢灣。東角灣有沙灘，甚短。其上一坵，以之得名，曰東角嶺焉。又東角嶺，漁人則稱望鬢嶺，參閱本卷《山川志・山嶺》〈東角嶺〉條。

（三）嶺尾嘴　嶺底環　嶺頭嘴　苦草環　苦草角　新橫坑口　舊橫坑口

嶺尾嘴在東角灣之南，以位苦草嶺尾，故名。其南為嶺底環，當苦草嶺之西麓，岸線平直寬廣，其南一岬歧出，為嶺頭嘴，在苦草嶺頭之下，故名。越之又南為苦草環，亦平直不足觀，下接苦草角，至苦草側，有溪水自人工渠流注而出，是為新橫坑口，其旁海岸，有漁者棚屋，惟僅數家而已。過此又南約一六〇米，至下苦草，有另一涌口，即為舊橫坑口，乃原橫坑之出口處。

是處一帶之山坵海岸，計有苦草角、苦草環、苦草嶺、苦草坳、苦草側、下苦草等，皆以地近苦草而得名。

冚地牛

冚地牛一名牛冚石，或稱苦草石排，乃後海中之明礁，位於苦草嶺頭嘴西偏北海中，離岸約八〇〇米。有二石竝列，漁夫稱南者為大排，北者為細排。前者即牛頭，乾出六呎，後者即牛尾，乾出四呎，周遭為泥底，水深二呎至三呎。土語冚地牛者，為伏牛之意，蓋此二石遠觀之，似水牛俯蹲之狀，故以名焉。此礁見於舊版地圖及《英國海圖》，惟皆未標名。【註二】曾於流浮山詢諸蠔民，方獲知其稱謂。而《中國海航導》卷一第十四章〔後海灣〕中則未有述及，清末陳壽彭譯《中國江海險

要圖誌》卷五中亦不載。【註二】

【註一】冚地牛見於《香港地圖》GSGS3868（1:20,000）第十幅、《廣東地圖》GSGS4691（1:50,000）分幅 N10 SE〔內伶仃〕；《英國海圖》343（1:50,000）〔汲水門至穿鼻水道〕（North Sheet）、《英國海圖》6960（1:50,000）〔後海〕（Sheet 1）等，礁旁均未有標名。

【註二】參閱拙著《香港水域航行脞錄》卷三十二《後海》〔冚地牛〕。

——以上自〔尖鼻嘴至沙橋嘴〕起，至〔冚地牛〕止，各條均據拙著《香港水域航行脞錄》卷三十二〔後海〕資料輯錄。

【第二部】

屏山區 沙江編

陳卓署

輿地志

一、聚落地志

沙江

【概說】沙江，《康熙新安縣志》卷三《地理志・都里》入五都，作『蚺蛇鬱』。近人張一兵校點此書，謂「又稱『蚺蛇尖』、『蚺蛇灣』」云云，並引《香港地名錄》頁一五八，《新界地區西貢區》作證，蓋未經實地考察，紙上談兵，畫蛇添足，乖謬殊甚也！參閱原書卷三《地理志・都里》《校勘記》

一九六八年版 L884 Sheet 5B 沙江區聚落圖。

二十三，頁二二五六可見。

《嘉慶新安縣志》卷二《輿地略・都里》入官富司管屬，亦作蚺蛇鬱。今書作南蛇窟或南蛇笏，而通稱當作沙江圍。又『沙江』，昔時亦有書作『沙崗』者，如一九六二年牛磡新村《泰成公立學校成立勒石留念碑記》捐款芳名中，見有『沙崗區合作社』一名，即為其例也。

沙江圍

沙江圍載《香港九龍新界地名志》分區三十四《厦村及屏山》，原書頁一六五。陶氏《港九地名志》頁五二至五三。

沙江圍在厦村之北約二公里，東為天水圍，西北為流浮山墟，兩者皆近在咫尺。據《香港九龍新界地名志》分區三十四所載：「沙江圍分沙江圍頭、沙江圍中、沙江圍尾三部。」又該村別名南蛇窟，村老謂：昔日附近山坵，如鴉雀嶺、鶴藪山等處，林中多鳥類棲息，故常有巨蟒覓食，出沒於其間，遂有是名云。【註一】

村民有莫、黃、鄭、陶、龍諸姓，中以莫氏居多。其中莫氏十二世祖南喬公，乃徙自莞邑，與大嶼山東涌莫家村同族。今村背營盤下有南喬公祖塋，據墓誌載：「自東莞凹頭遷此，迄今五百餘年。」該墓重修於清光緒十五年（一八八九年），可知莫氏於明洪武間已定居於此。【註二】

村內又有善慶堂、三樂堂、超凡堂、超忍堂、惠章堂等建築。其中超忍堂，門牌一四七號，即厚德書室故址，庚申年重建。惠章堂門牌一九〇號，不知建於何時。趨前不遠，即抵圍尾，有古井一口。再往，便是村口，有洪聖公廟及社壇。

沙江圍門位於圍中，前對風水塘。圍門前石階七級，居中者第四級，以紅砂岩造成，尤為獨特。

門樓右側有神龕，供奉土地坐像。內進拱門兩旁，各放榨蔗石磨一座，以作裝飾。拱門之外，石板甬道平整，與神廳相連接。

又方志載清季海氛不靖，沙江及毗鄰鄉里，頻遭刧掠，常致生靈塗炭。附近之雞柏嶺，雖築砦駐兵，以為防禦，然寇眾勢盛，終不敵其鋒，後竟遭摧毀，遺蹟亦盪然無存矣。

按事發於清康熙十九年（一六八〇年）六月初一日，《康熙新安縣志》卷十一《防省志・寇盜》云：「賊泊白石海沙江沿，刦厦村一帶，唯雞栢嶺一砦，力拒數日，賊百計攻陷，屠戮無遺，僅存在外者二三人。」此亦見於《嘉慶新安縣志》卷十三《防省志・寇盜》，所載即照錄其文。白石海，乃今之牛磡至白泥海甸一帶，亦即後海（深圳灣）之邊緣。沙江沿者，謂沙江沿岸地帶，即縣志所稱之沙江海是也。參閱

沙江圍門樓。

《厦村編》《山川志・山嶺》〔雞柏嶺〕，及拙著《香江方輿稽原略》卷十《沙江圍紀畧》。

【註一】參閱本編《山川志・山嶺》〔**鴉雀嶺・鶴藪山**〕條。南蛇，原作『蚺蛇』，蟒屬也，見於古籍所載。南人以兩字音同，遂轉書作『南蛇』。《嶺表錄異》卷下云：「蚺蛇大者五六丈，圍四五尺，以次者，亦不下三四丈，圍亦稱是，身有斑文如故錦纈。俚人云：春夏多於山林中，等鹿麑過，則銜之，自尾而吞，惟頭角礙於口外。深入林樹間，擱其首，俟鹿壞，頭角墜地，鹿身方咽入腹。」鄺露《赤雅》卷下云：「蚺蛇，尾有鈎，口無齒，其聲甚怪，似貓非貓，似虎似虎，擊之則鳴；猶龜焉，灼之則鳴也。九十丈者吞蟻，六十丈者吞象，三十丈至九丈者，吞豺狼虎豹與鹿豕人。」又謂：「蚺蛇有三膽。」觀其所言，皆語近誇誕，錄之以博一粲！此外，《嶺外代答》卷十《蟲魚門》、《嶺南叢述》卷五十二《昆蟲下》及《嶺海見聞》卷四，亦有『蚺蛇』之記載。

【註二】參閱本編《輿地志・野外地志》〔**營盤下**〕條。

沙江圍仔

沙江圍仔在沙江圍之南端，僅一巷之隔，乃一小村，村民雜姓。村口另有社壇，但規模較小，與沙江圍者有別。圍門甚小，昔時進出皆由此，內有同福堂，曾經營作『村民士多』，有配聯云：「同居蘭室；福集芸窗。」今村中所見皆新廈，舊者多已拆除。

村口附近有聯益公立學校，一九五八年開設，至二〇〇四年停辦。【註一】

沙江圍仔，疑即邑志所載之『沙岡村』，或亦書作『沙江村』，『岡』與『江』粵音同，後改稱『圍仔』，以別於沙岡圍，而與今流浮山之沙江村有異。【註二】

【註一】參閱本編《輿地志・人工建築》〔**聯益公立學校**〕條。

沙江圍仔一角。

【註二】參閱本編《輿地志・聚落地志》〔**沙江廟村**〕條。

鰲磡

鰲磡，《康熙新安縣志》卷三《地理志・都里》作鰲冚，入五都；《嘉慶新安縣志》卷二《輿地略・都里》同，入官富司管屬。

鰲磡原名牛磡，黃姓，先世來自寶安沙頭。新慶村黃源滙公祠懸聯，有「甲科開宋代，沙頭輝暎沙江」之語，可證也。村中今多新厦，舊屋甚罕覯，所遺者僅嘉成書室一所而已。

鰲磡新村

鰲磡新村別名新慶村，黃姓，與鰲磡同宗。今村中猶存舊建築多幢，有樂慶堂、神廳、源匯黃公祠等，中以黃公祠較為特出。源匯黃公祠在村西，為兩進式，其內為匯本堂。樂慶堂正門之上，有壁畫及詩句，內進大廳，堂上祀祖先遺像。又有神廳，內奉諸神木牌、天后畫像，及周龍祖師神位等。

泰成公立學校在村西紅磡之紅山角，其後停辦，今遺址猶存。以上所述，詳見本編《輿地志・人工建築》有關各條。

虎草村

虎草村在流浮山東北，位望西岃、魷魚嶺之西，南鄰夾口，北接苦草尾，位苦

鰲磡新慶村樂慶堂。

草嶺之南，村居散佈於崩岡之下。該村不見於輿圖及官方地志，蓋此處地段，半屬海岸保護區，半屬康樂用途區，故建村未獲當局認可，而港英政府編纂之《香港九龍新界地名志》分區三十四《廈村及屏山》亦付闕如。

該處原名夾口，地接苦草尾。附近一帶，本乃荒野僻落之區。一九六〇年代初，有來此開墾者，始逐漸形成聚落。村民八十多人，中有四代同堂者，然皆非原居民。初據隣近郊野原有土名『苦草』者，取以為用，稱『苦草村』。蓋昔時是處多產苦草，可作藥用，故有是名焉。【註一】後以『苦』字為頹廢之兆，乃依屏山鄧氏，以同音『虎』字代之，復因虎為猛獸，其勢甚雄，有令居人振奮之徵，乃易『苦草』為『虎草』，遂成今名，而地名之本義失矣。【註二】

其後該村發展，居民漸眾，當時且建有英坭製品廠及乳牛房等，惟今亦已結業多時矣。

【註一】苦草為藥用植物，載於《本草綱目》，參閱《輞井編》《輿地志・野外地志》〔**苦草**〕條。

【註二】先是清嘉慶間，屏山鄧氏已將苦草易名為虎草矣，參閱《輞井編》《輿地志・野外地志》〔**苦草**〕條及《輞井編》《山川志・山嶺》〔**苦草嶺**〕條。

流浮山（墟）

流浮山（墟市）載《香港九龍新界地名志》分區三十四《廈村及屏山》，原書頁一六五。陶氏《港九地名志》頁四二至四三。原稱沙江墟，見於舊圖所載。【註】後以市集北枕一坵，土名流浮山，遂據以易作今名焉。

墟市以經營漁穫、海味、零食、菜館為主，其西側後海沿岸聚落，則以產牡蠣馳名，對開海面，有蠔浦約三千公頃。蠔浦，俗謂之『蠔田』。

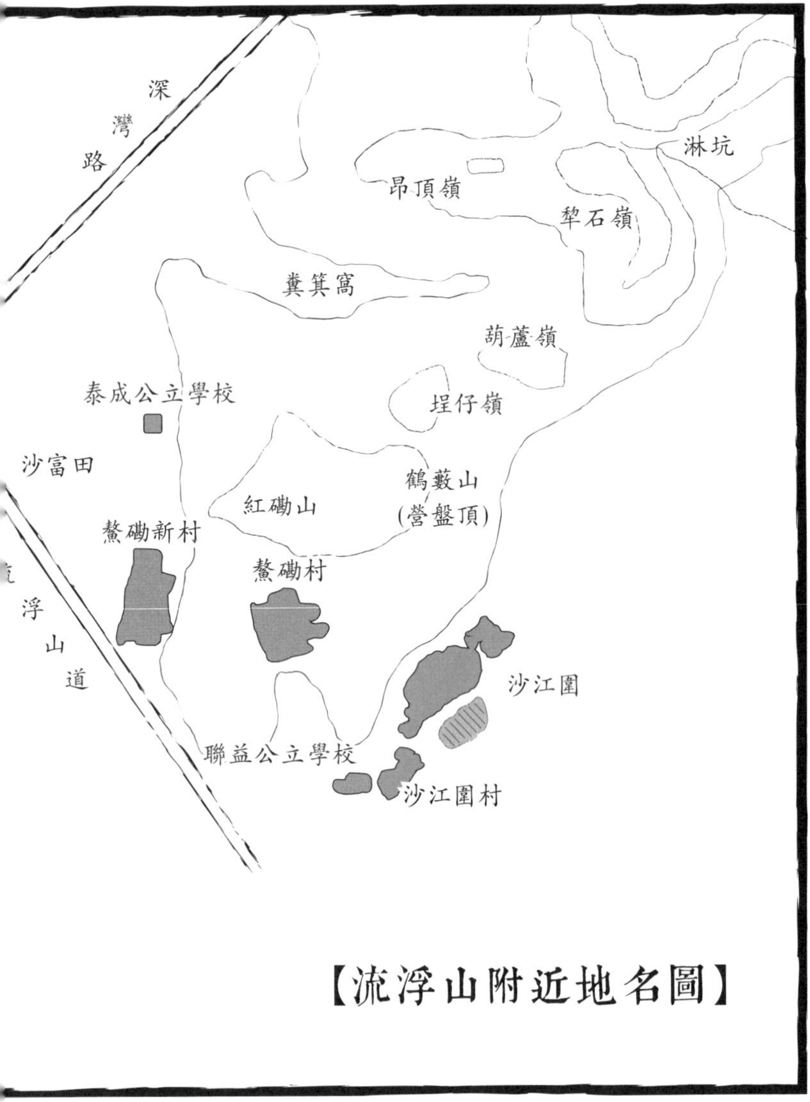
深灣路
淋坑
昂頂嶺
犂石嶺
糞箕窩
葫蘆嶺
埕仔嶺
泰成公立學校
沙富田
鶴藪山
(營盤頂)
紅磡山
鰲磡新村
鰲磡村
浮山道
沙江圍
聯益公立學校
沙江圍村

【流浮山附近地名圖】

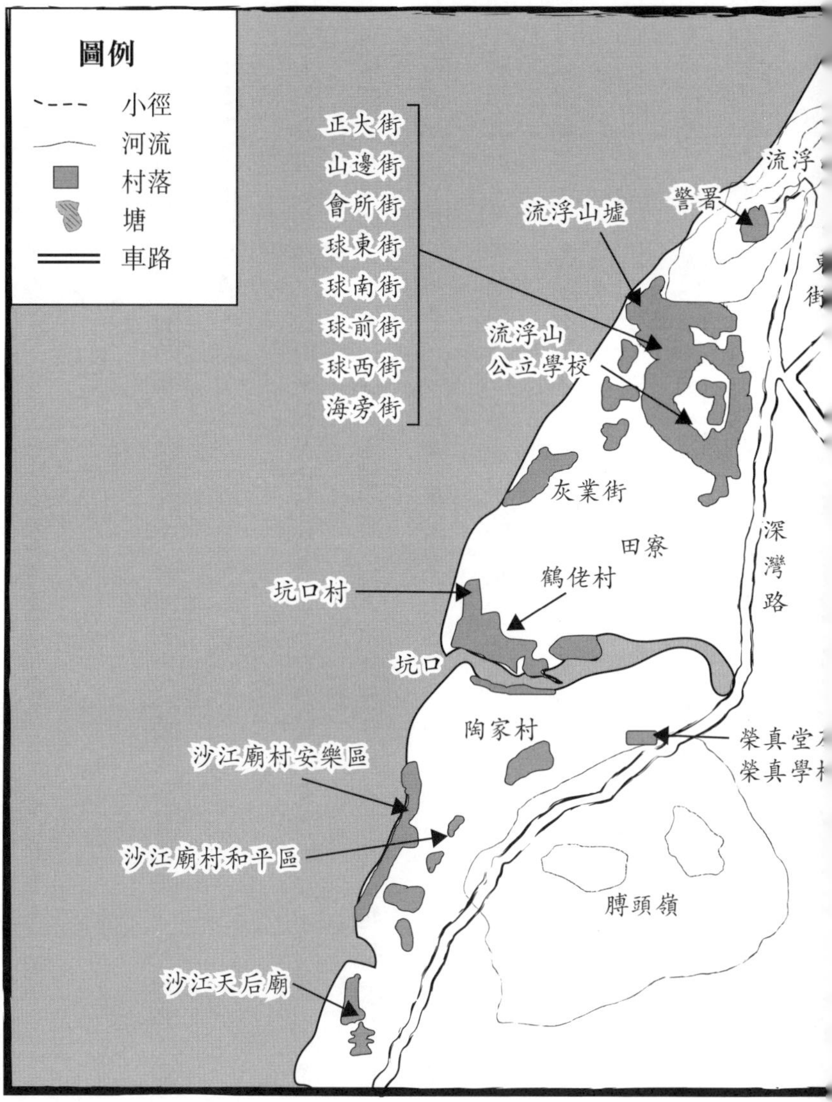

圖例
小徑
河流
村落
塘
車路
正大街
山邊街
會所街
球東街
球南街
球前街
球西街
海旁街
流浮山墟
警署
流浮山
公立學校
灰業街
田寮
鶴佬村
坑口村
坑口
深灣路
陶家村
沙江廟村安樂區
沙江廟村和平區
沙江天后廟
榮真堂
榮真學
膊頭嶺

【註】 參閱《香港地圖》GSGS3868（1:20,000）第十幅及《香港地圖》GSGS L8811（1:25,000）第十幅。

墟內道路有正大街、會所街、灰業街、球東街、球西街、球南街、球前街、海旁街、山邊街、山東街等。

正大街為市集所在，長街兩側，食肆林立，亦有商舖，銷售海產。流浮山商會會所，座落於本街四十五號，姜永康題字，一九六八年創建，有碑記可稽，其時會長為鄧齊安。正大街乃狹窄之步行街，汽車不能通行。每值假日，都人來遊，絡繹於途，購物之餘，多喜品嚐海鮮，大快朵頤。長街西出，至盡頭處，便是後海之濱，有碼頭供漁船停泊。海濱有神壇，祀悦城水口龍母畫像；其前有小龕，奉歡喜佛坐像。斯二者，據謂乃用以安撫當年偷渡亡魂而建。海岸對開為泥灘，紅樹林生態茂盛。東望所及，近則流浮山、黃蜂嶺，遠則運牛凸、東角嶺，以至沙橋下灣一帶。西眺後海，極目遠方，則為赤灣、內伶仃。黃昏日落，景色尤美，常招致獵影一族，惠然冒來，徘徊於水光晚霞之間，流連不忍捨去！街之西側有公園廣場，乃舊流浮山公立學校故址。

會所街上接山邊街。昔日流浮山公立學校開辦時，民居內有老師宿舍。自山邊街下行，至會所街轉角處，有黃葛一株，樹下建亭，奉石壇公，中無神像，置石兩方代之，另有刻名阮國仕碑，以水泥嵌於樹下，無年月及名銜，此或為無主之墓誌，偶遇善士，拾而置之於此，以作配祀，然亦未知其底蘊為何如也？

灰業街東北至西南走向，與海岸平行，為六〇年代蠔殼石灰廠所在，故名。昔日養蠔全盛時，蠣殼堆疊如山。迨七〇年代初，因建築材料中，有水泥可取代石灰，燒灰業遂逐漸式微，灰廠經營乏術，紛紛宣告結業，其後清拆廠房，改建為民居，今猶存裕興蠔油廠，開設於街內二十二號。又有新界蠔業水產聯合會，在本街三十四號，為兩層民國時期之舊建築。此外，尚有流浮山區居民協會、盛成堂花炮會（有林錦新題字）等，亦座落於本街之內。東段與球南街相接處，可通汽車，西段狹隘，則僅通行人。循之西去，即出墟外，為往坑口村及沙江廟之要道。路東耕壠遼闊，土名舊稱『田寮』。

球東街頗窄，其內亦有石壇公，在民居三十二號門前，構築簡陋，遠遜於會所街壇之規模。

球西街內有流浮山商會會所，與正大街交會處，又有蠔業總會一所。街之西端與球南街交匯處十字路口旁，有石栗樹二株，翠影婆娑。越之西向，則入灰業街。

球南街中有水井，開鑿原為防旱，然於無雨季節，泉水亦不多，村民曾以瓢舀水以作飲用。此路雖窄，仍可行車。西通海旁碼頭，東接白泥公路（深灣路）。

流浮山墟會所街之石壇公。

球前街甚短，可通正大街，其內皆民居，有蠔聯花炮會，在街中十八號。

海旁街在墟之西邊，位球南街盡處，以其臨後海之濱，因以命名焉。

山邊街在墟之北，位流浮山南麓之間，村屋皆依斜坡構建，經街市前行，下階左轉，可通會所街。

山東街乃自墟口迴旋處北向，上通流浮山警署之車路。

流浮山墟以南，沿後海邊，尚有近年增闢之聚落數處，包括坑口村、鶴佬村、沙江廟村、陶家村等，外間耕隴，舊稱田寮。茲分述之如下：

坑口村

坑口村位坑口河入後海處，故名。又或稱坑口村海邊區。陶氏《港九地名志》

缺載。《香港九龍新界地名志》分區三十四《厦村及屏山》，載於〔流浮山〕條內，見原書頁一六五，惟並無明確之闡述。

坑口村東側與鶴佬村毗鄰，居人同聚一隅，融洽相處。今其範圍，已涵蓋鶴佬村在內，兩者混合而成一體矣。

鶴佬村

鶴佬村座落於流浮山墟之西南，瀕後海之濱，原位於坑口村之東側，在坑口河渠北岸。

陶氏《港九地名志》缺載。《香港九龍新界地名志》分區三十四《厦村及屏山》，載於〔流浮山〕條內，稱『福老村』，見原書頁一六五，惟僅存其名而無敍述，覽之未得其詳。

鶴佬村東邊，村口榕樹下，有閘板套柱，建於路之兩側。村屋門牌，均書作『坑口村』。村中無學校，亦無球場等之公共設施，僅有者唯小廟一所，內奉福德、龍公、水仙諸神，又有自建之惠潮花炮聯誼會而已。

一九六〇年代，港英官方編《香港九龍新界地名志》，載稱『福老村』，而今則無聞焉，蓋已併入坑口村，為其中之局部地區矣。故若在當地，即流浮山墟至坑口村一帶，詢諸土著，有關『福老村』之名，竟無人能識，僅知者唯『鶴佬村』一處耳。蓋鶴佬村人士，皆來自海、陸豐或潮州一帶，先世原為舟子或漁

流浮山區鶴佬村內惠潮花炮聯誼會。

人，故村民多為艇家，在後海中作業。【註】而廣府人均以『鶴佬』稱之，由來已久。至於港英所稱之『福老』，則為粵人對閩人之通稱，又或作『福佬』，與『鶴佬』不同，固知官方地名志所云之『福老村』，實乃『鶴佬村』之譌也。

又吾粵稱閩人為『福佬』，廣俗呼男丁為『佬』，古者重男輕女，故以男概括全體，『福佬』即指福建人也。本村居人原非閩籍，故不得以『福老』稱之明矣。

【註】據日人可兒弘明（かにひろあき）著《香港艇家研究》，書末中文提要云：「艇家有廣東、福佬、四邑、客家之分。」（見原書頁十二），但於惠州海陸豐之『鶴佬』，則並未見提及。

沙江廟村

沙江廟村以靠近沙江天后廟之北側而得名，亦省稱沙江村，然與沙江圍有別，切莫混而為一也。村內分安樂區及和平區兩部分。前者位於海濱，故又稱沙江村海邊區；後者則散處於膊頭嶺西麓田隴中。又該村對開，舊有蠔田，海邊有碼頭及水泥徑遺蹟，乃方便蠔工泊艇及運輸而建，於今猶存。

陶家村

陶家村在坑口河南岸，與鶴佬村隔水渠相望，又南與沙江廟村相接，舊有徑自榮真堂經此，可通沙江廟。村曾一度荒置，後陶氏將原址闢作休閒生態農莊，內有草莓園可供遊者採擷。園址在今流浮山深灣道地段內。【註】

【註】深灣道 DD182 約 221 地段。

流浮山區沙江廟村海邊區，為昔日蠔田所在處。

二、人工建築

聯益公立學校

沙江圍聯益公立學校，正門在民德路，後門位於沙江圍仔旁，創於一九五八年，有球場及校舍。校舍內有課室四間，第一為初小班，第二為電腦室，第三為五年級，第四為四、六年級共處，容額為四十五人。該校至二〇〇四年停辦，前曾一度用作區議會選舉指定票站之一。球場西端為正門，旁有桑木一株，於今猶在。某年三月中旬，嘗過其處，見烏椹成串，纍纍滿樹，無人採擷，

沙江公立聯益學校遺址。

果熟如落英，殷紅遍地。

該校位置，已詳載於英制《香港地圖》L882 與 L884 系列中，可參閱。【註】

【註】見《香港地圖》DOS231 Series L884（1:10,000）分幅 5B 及《香港地圖》DOS331 Series L882（1:25,000）第五幅均有標出。

沙江洪聖公廟

沙江洪聖公廟在沙江圍東南，位瓦窰頭附近田野中。廟為一進式建築，不具規模。山門有聯：「洪波平海甸；聖澤沐閭閻。」正殿神龕篆額『洪聖宮』，內奉洪聖木雕坐像，旁聯云：「洪海平波閭閻永賴；聖賢合德日月同明。」廟內無碑記可稽，創建年代莫考。

廟前有沙江圍社壇，構築宏敞，外貌雄偉，仰之彌高，兩旁建鑊耳山牆，有異於他處之社稷神壇。綜觀新界鄉間，多以石頭代社神，背蔭巨樹以擋煞。此壇則易以碑石一方，中刻『社稷護鄉感應清境之神位』，左為『開山向宿老神位』，右為『本鄉土地尊神位』。旁綴以聯云：「沙水鍾靈圍里社；江山獻秀衛神壇。」全壇為磚砌，神座之上，有蝠鼠吊金錢雕塑，村老謂，斯乃象『眼前福在』之兆云。

沙江圍神廳

沙江圍神廳位於沙江圍村背，僅一進，門額題『慈航普濟』，兩邊灰塑畫，已脫落殆盡，綴一聯云：「沙點成金，農產滋豐憑聖德；江濤泛寶，漁畋獲利

沙江圍瓦窰頭附近之洪聖公廟。

阜民財。」【註】木雕神龕，額題「德庇鄉閭」，內奉諸天神榜，以觀世音居中，其側祀天后，餘者眾神，分列左右。旁聯云：「沙繞鄉閭同獲福；江邨老少盡安康。」神龕之上，尚有橫匾一方，題『眾聖靈光』，乃滙本堂所贈，旁懸木聯云：「沙水遠宏，感念眾神扶左右；江圍長善，常懷列聖佐東西。」

神廳之後有社壇，奉祀開山向宿老之神、社稷護鄉感應清境之神、本鄉土地尊神等，旁一聯云：「沙江鍾靈圍里社；江山獻秀衛神壇。」與洪聖廟外者雷同。

【註】『畋』，畝古字。

新慶村神廳

新慶村神廳在新慶村（牛磡新村）內，重修於戊辰年（一九八八年），門聯云：「新開泰運；慶洽慈雲。」另一云：「新陽初啟；慶福長臨。」內進有木牌，題「眾聖威靈」，為沙江圍所贈。堂上供奉諸天神榜及天后畫像，另有觀音坐蓮瓷像一尊，又有周龍祖師神位，旁綴小聯：「周家精武藝；龍德顯威靈。」【註】上懸木匾，題「神恩普照，清光緒十五年（一八八九年）孟冬吉旦。」堂上懸聯，其一云：「南海非遙，片面慈航隨濟渡；西方不遠，一聲救苦即通靈。」清光緒十五年黃元弼撰，以配觀音。另一云：「新會遠宏，聲靈赫濯昭千古；慶村長樂，德澤汪洋佈萬方。」一九八八年沙江圍送贈，以配周龍。

【註】周龍（一八九三—一九二三年），祖籍新會沙富鄉，世代務農，崇尚武術，於農閒時有所寄託。後復將洪、蔡、北少林三派武學，融匯貫通，在廣州十三行設立仁義堂。民國三年（一九一四年），李福林聘為武術教官，並贈予「振武堂」以作館名，有門聯云：「用力力中能借力；臨機機內要關機。」民國十二年（一九二三年）卒，年僅三十一歲。

源匯黃公祠

源匯黃公祠在新慶村中，其內為匯本堂，上祀本族明十三至廿四世祖。旁聯云：「源遠流芳綿參里；匯通澤厚達秋崖。」上聯參里，即參里山，在寶安 沙井中學旁。『參山喬木』，舊為新安八景之一。東晉時，名士黃舒隱居於此，故『參里』即指黃舒。《康熙新安縣志》卷十《人物志》有傳，入『崇祀鄉賢』。黃舒亦載《嘉慶新安縣志》卷十九《人物志・鄉賢》。兩書均有傳，可參閱，茲不

座落於牛磡新慶村之黃源匯公祠。

贅焉。下聯秋崖，謂南宋黃石，見《康熙新安縣志》卷九《選舉志》甲科，載：「宋黃石登開慶元年周震炎榜第二甲，初授梅州程鄉簿，後仕至迪功郎。」開慶為南宋理宗年號，元年己未，即一二五九年。又《嘉慶新安縣志》卷十五《選舉表・甲科》所載同，但『第二甲』則作『開慶元年己未科第三甲』。又謂黃石，「邑之沙頭東涌人」，此句為《康熙志》所無。關於黃石，香港長洲黃氏排印本《嘉慶新安志》誤作黃一石，此據臺灣成文出版社影印清嘉慶二十五年（一八二〇年）刊本更正。

享堂懸聯云：「政績著漢朝，祖德光生祖宇；甲科開宋代，沙頭輝暎沙江。」上聯漢朝，謂西漢黃霸。黃霸（前一三〇年—前五一年），字次公，淮陽郡陽夏人，西漢名臣，歷仕武帝、昭帝、宣帝三朝。官至御史大夫，擢為宰輔，封建成侯。甘露三年卒，謚定侯，此用古代同姓名宦以為炫耀。下聯宋代，即南宋黃石，已詳上述，末句可知本村乃自寶安沙頭遷來，亦為宋黃石之故里也。

樂慶堂

樂慶堂在新慶村，壬辰年（一九五二年）嘗作重修。樓高兩層，全座皆青磚結構，為民國式建築風格。屋頂正中，額題『樂慶堂』，上為半輪形日出圖案，頂為蓮花座攢尖，兩旁以圓柱襯托，承以獅子座，左右作伴。其建築規格，別樹一幟。上層前方，裝玻璨窗櫺一列，最為獨特，或是後來加建。下層為正門，貼一聯云：「厚德載福；和氣致祥。」門楣之上有壁畫，為《花開富貴圖》，左右兩旁均有題句，前者為《幼學詩》第四首，後者乃王維《山居秋暝》詩，皆重修時所製。此外，尚有壁畫《荷塘耍樂》、《木棉春吉》等。內進神枱之上，放置祖先遺像二幀，其餘別無他物。

泰成公立學校

泰成公立學校在新慶村之紅山角，地近沙富田。【註一】

該校原在村中黃氏宗祠泰成堂內開辦，後遂以為校名。一九六二年，始於村西之紅山角構築新校舍，內有泰成祖紀念堂、香港黃族宗親紀念堂等，只辦初小，僅至三年級止，無高小之設。至一九九三年停辦。

校內有成立留念碑記，原碑正文共四行，前三行，行四十二字，另末行五字，凡一百三十一字，茲逐錄如下：

泰成公立學校成立勒石留念

學校之設由來久矣，就中國而論，「夏曰校，殷曰序，周曰庠」，皆所以明人倫，伸孝友，培育人才，涵養德性也。【註二】學校之設，烏容緩哉？然千金之裘，非一狐之腋；百尺之台，非一簣之土也。茲事體大，深賴政府維持，名流題助，而我族人士，更能樂意捐輸，則斯之成居然奪目，危峩排列，【註三】燦爛煇煌，不特社會之幸，尤為後起俊秀之福。是以為引，以表盛德。

籌建委員會

主席　黃聯福

副主席　黃樹生　黃伙容

（捐款芳名從畧）

一九六二年七月廿五日立，泰成公立學校成立勒石留念。

【註一】學校位置，《香港地圖》DOS231 Series L884（1:10,000）分幅 5B 及《香港地圖》DOS331 Series L882（1:25,000）第五幅均有標出。

【註二】《孟子‧梁惠王章句上》：「謹庠序之教，申之以孝悌之義。」又《孟子‧滕文公章句上》：「設為庠序學校以教之：庠者，養也；校者，教也；序者，射也。夏曰校，殷曰序，周曰庠，學則三代共

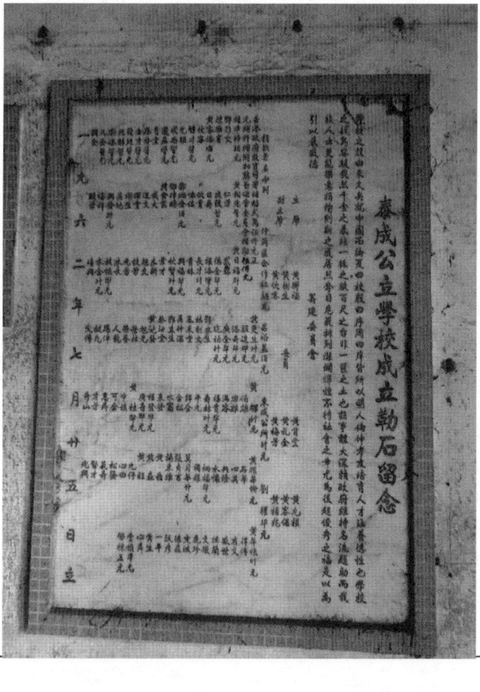

一九六二年《泰成公立學校成立勒石留念》碑記。

之，皆所以明人倫也。」

【註三】危峩，山嶺高峻貌。唐韓愈《南山詩》：「新曦照危峨，億丈恒高袤。」

嘉成書室

嘉成書室座落於鰲磡村三十三號。門聯云：「嘉客嘉賓，燕笑蘭言迎淑景；成聲成色，鶯啼花舞洽熙春。」其內為黃嘉成堂，懸一聯云：「嘉範良模綿世澤；成功立業振家聲。」又堂聯云：「嘉德洪猷垂奕世；成基創業慶千秋。」下署鰲磡新慶村子孫敬賀。兩側偏廳，有拱門可進。堂上供關帝畫像，旁有聯云：「嘉會桃園盟大義；成功漢室表精忠。」神龕之下，居中供奉江夏屬歷代祖先，兩旁為諸天神祇。書室曾於一九八八年重修，有芳名碑記可稽，其輸心解囊者，亦有他姓，非獨原居之黃氏族裔也。

沙江天后廟

沙江天后廟位於流浮山沙江，地瀕後海。廟為兩進式建築，享殿居中，無天階。向屬厦村鄉各圍村物業，由厦村友恭堂管理，現被列為三級歷史建築。

據《厦村甲午年建醮特刊》載：「廟於清康熙間，由厦村某善信創建，距今已歷三百四十餘年。」殿內鐘銘，鐫「康熙肆拾伍年（一七〇六年）造」，或即創廟之時也。每年農曆三月二十三日天后寶誕，必有廟會及搶花炮之舉。後海兩岸漁民，崇奉唯謹，前往進香

沙江天后廟外貌。

參拜，絡繹於途。

厦村鄉約十年一屆之太平清醮，例必於當年正月初二日蒞廟，於神前杯卜緣首十名次第，以辦理建醮事宜。【註二】該廟於一九七三年癸丑曾作重修，以鄧家貽、鄧齊安、陶木勝為籌募委員會主席，有碑誌可稽。【註二】

【註一】參閱《厦村鄉約甲午年建醮特刊》頁四十六，二〇一四年十月二十六日版。
【註二】碑序全文載《香港碑銘彙編》第二冊，頁五八九，編號二八〇。

西來靜院

西來靜院在流浮山沙江廟村安樂區（或稱沙江村海邊區），門牌為沙江村十號B，位於大路旁。其內佈置簡樸，乃私家靜修之所。山門內進，過天階為三寶殿，殿門聯云：「西土重光，靜心拜佛；來霞滿照，院地參禪。」『西來靜院』四字已嵌入聯中。門後又懸偈語云：「西向佛土近，心向佛是真，來問佛修行，參破佛無心。」

殿內神龕，木雕亦頗精美，旁錄「天上天下無如佛，十方世界亦無比」。【註一】中供釋迦坐像一尊，阿難、迦葉兩尊者侍立左右。聞該院道賢法師相告，鼎創者乃明觀法師弟子，於今已歷七十餘載云。【註二】

沙江廟村安樂區西來靜院側影。

【註一】二句見《大智度論》釋迦《讚佛偈》，共四句，下續二句云：「世間所有我盡見，一切無有如佛者。」

【註二】明觀法師（一八九一——一九七〇年），俗家姓沈，湖北武昌人，生於清光緒十七年（一八九一年）。

年二十一，曾參加辛亥革命。廿五歲出家，法名覺音，號明觀。後到香港芙蓉山竹林禪寺弘法。一九七〇年圓寂，世壽八十，僧臘、戒臘各五十有六。

雲浮仙觀

雲浮仙觀位於流浮山東北，座落於鬢地坑谷中，屬深灣路一八五七地段，八〇年代初，由南海陳泰刱立。觀內殿宇三楹，橫向成排，均為一進式，主殿居中，太清宮、青華堂則分列左右。奉祀神祇，計有純陽祖師、元始天尊、混元天尊、太上老君、福德神等。

主殿奉呂純陽坐像，正中懸匾，署「南海道侶卓少衡書，壬戌孟冬月落成。」【註二】左方一匾為『眾妙之門』，沙岡圍莫超忍堂敬献；右方一匾書『大道光明』，翠栢仙洞敬獻。殿壁嵌碑，勒於一九八二年，題為《道教雲浮仙觀碑記》，額題『萬世玄宗』，略謂：「雲浮仙觀乃張前源承羊城至寶台法嗣，演教於斯，初刱道教聯誼會，以弘揚全真五祖聖道，而以純陽呂祖仙師孚佑帝君為度世宗師。【註二】藉殷商南海陳泰者，其人素多義舉，宅心仁厚，歷任社會各大善團領袖，遂倡議籌辦慈善道場，……擇福地而建觀，於斯獨捐大任，籌謀七載。……從茲廣度有緣，同登彼岸，當已樂觀厥成。……壬戌歲〔閏〕(潤)四月丙寅日甲午良時，恭行聖像開光崇陞典禮。……創辦人陳泰、鄧潔芳暨董事會同人敬立，住持玄門後學張前源拜撰，道曆四六七九年歲次壬戌初夏吉旦。」

主殿之左為太清宮，懸匾『混元真宗』，旁有聯云：「兜率上宮，一炁三清乘萬法；雲浮安養，十方四眾盡朝宗。」主殿之右為青華堂，其內安奉先人靈灰及長生祿位。中奉太乙真人畫像，神龕之上，橫書『東極宮』三字，綴一聯云：「雲浮作獅吼，三代宗親承法雨；青華駐鶴駕，十方化號濟群生。」末署住持張前源撰，溫玄向書。

青華堂側有『雲浮龍壁』，點綴其間，上繪彩龍凡九，色調斑斕，栩栩如生。殿外泞立遠眺，北為崩岡、苦草角，東為鬚地，西北為黃蜂嶺，均歷歷在目。

雲浮仙觀前對後海，背枕望西岃，地處魷魚嶺鬚地西谷中，是處原有一溪，土名鬚地坑者，出望西岃主頂大嶺山西北，注於其間，西北流向，至磚窰灣出後海，然水量甚稀。該觀乃截其流，築壩成湖，並建亭其中以為襯托，點綴湖山之美，亦藉以增添琳宮之風貌也。

【註一】壬戌即一九八二年。◎卓少衡（？—二〇〇五年），別號靈蔭居士，原籍廣東南海沙頭鄉人。香港書法家，擅北魏碑體，然風格別樹一幟，有異於新會區建公。今市面仍偶見其所書之橫匾及招牌，零星散落於舊區中。又打鼓嶺雲泉仙館內亦可見其題字

自望西岃淋坑山俯瞰鬚地坑谷之雲浮仙觀。

及對聯墨迹。二〇一二年，香港雙辣社輯有《卓少衡書畫集》行世，全書凡一三八頁。

【註二】呂洞賓於元世祖至元六年（一二六九年）封為『純陽演正警化呂真君』。武宗至大三年（一三一〇年）又晉封為『純陽演正警化孚佑帝君』。呂洞賓，明洪應明《仙佛奇踪》卷二及清姚福均《鑄鼎餘聞》卷四均有記載。

流浮山公立學校

流浮山公立學校在流浮山墟正大街之西側，開辦於一九五九年，校舍兩幢，呈直角形，停辦後已遭拆卸，今遺迹無存矣。有司將原址改作球場，其後以之為中心，於周遭開拓街道，遂有球東、球西、球南、球前等街名。現又將球場易作公園，以供村民休憩。

榮真堂及榮真學校

榮真堂在流浮山坑口村白泥公路（深灣路）旁，當螄頭嶺東嶺之北麓，座落於斜坡之間，下臨坑口河渠，於此可暢眺後海及流浮山一帶，景趣殊佳。該堂屬基督教香港信義會（*The Evangelical Lutheran Church of Hong Kong*），自六〇年起，已開展流浮山區傳教及辦學工作。近年並轉為營舍服務，約有宿位百個。榮真學校（*Wing Jan School*）乃其轄下教育機構之一，然規模則較小。

松園

松園在沙江圍內，門牌十三號B，為村民陶木勝舊宅。門樓一聯云：「松上祥雲盤日月；園前瑞氣繞山川。」內進為舊村屋一列，青磚灰瓦，共六間，前二者為原建，後四者為增建，一九六八年曾作重修。新舊對比，舊者屋頂有脊飾，新者則無，觀其外貌，已瞭然可辨。

陶木勝為當地知名人士，一九七三年曾參與沙江天后廟重修之舉，為籌募委員會主席之一，其名亦見於是年《沙江天后廟重修碑記序》，參閱前述〈沙江天后廟〉條。

裕和塘

昔日後海灣中之殖蠔水域，蠔民皆以『田』或『塘』稱之，裕和塘乃其中之一。裕和蠔塘自一九〇〇年代開始經營，塘主為鄧禮及鄧齊安父子。裕和塘出產鮮蠔、蠔油、生曬蠔豉等，其後又開設鮮蠔酒家於流浮山墟，以產品供旅遊人仕品嚐，

沙江圍內松園舊居。

馳名邇遐。

又一九七三年重修沙江天后廟，鄧齊安嘗與陶木勝一同參與其事，見是年《沙江天后廟重修碑記序》所載，參閱上述〈沙江天后廟〉條。

流浮山道（流浮山公路）

一九五八年冬，港英軍部構築軍路，登後海濱之雞柏嶺，勘線自青山道屏山路口起，經坑尾村、厦村市、羅屋村、東頭村，至鳳降村東田野，【註】轉而西向，過鳳降村北側，循祈雨嶺麓，上抵雞柏嶺迴旋處而盡。其後當局始計劃修築流浮山公路，前段即以軍路為基礎，續於鳳降村東開闢新路，西北向經沙江、牛磡、新慶村，直達流浮山墟，是為流浮山道之北段，於一九六一年完成。自流浮山道通車後，復沿後海岸線向東北、西南兩邊擴展，前者為尖鼻嘴公路，有支線入輞井圍；後者為白泥公路，初僅通至上白泥，後再展築至下白泥。斯二者即今深灣路及稔灣路之前身。

一九七三年十一月五日，九龍巴士公司開辦兩條新界郊區新線，編號為五十七及五十八，前者為元朗東至上白泥，後者為元朗東至沙橋（尖鼻嘴），路程等距，各為十一・九公里，票價港幣九角，營運至一九八四年三月一日，兩線皆同時停辦。

【註】以上乃流浮山道南段之前身。

流浮山警署

流浮山警署原為警崗，乃港英政府所建，座落於流浮山之巔。一九六二年，擴建成為警署，用作監視後海偷渡之前哨。八〇年代曾一度借用作天文台氣象站。

流浮山警署乃三層鋼筋混凝土建築，其內有辦公室、拘留室及廁所等，局部窗

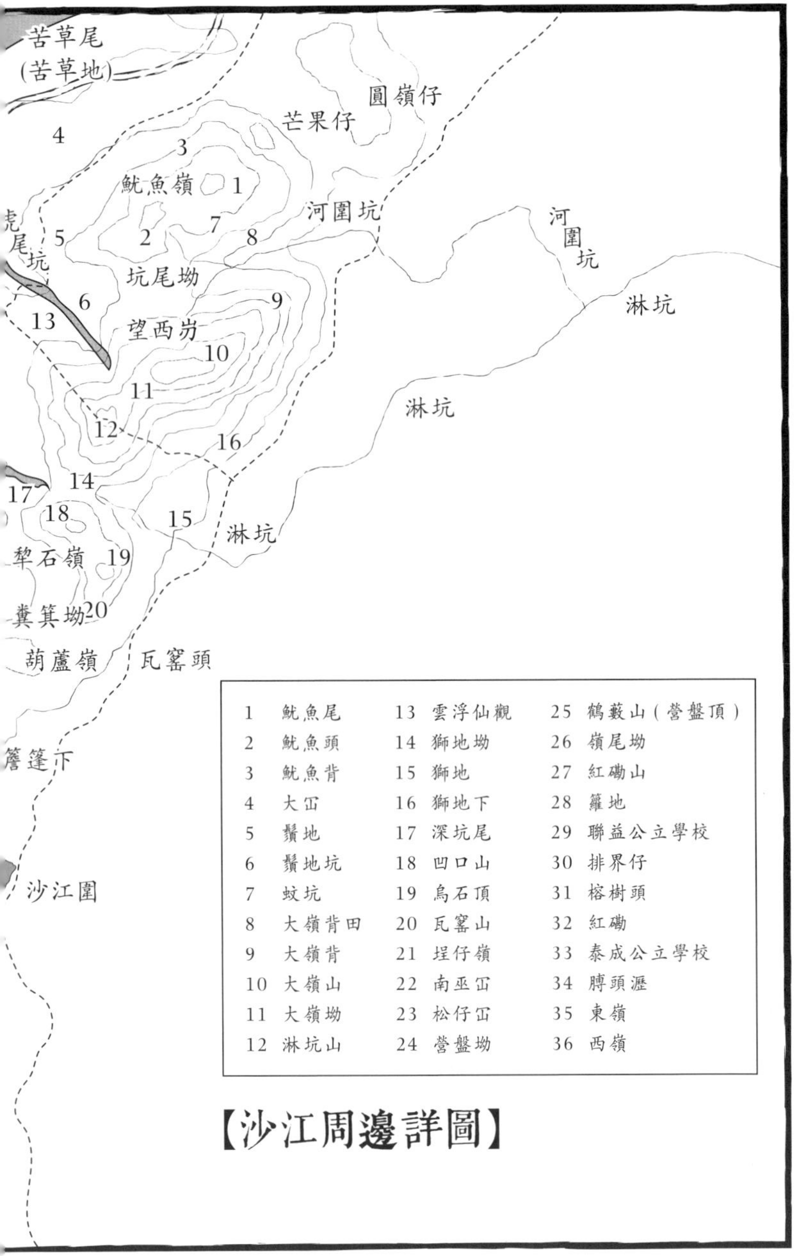

1	魷魚尾	13	雲浮仙觀	25	鶴藪山（營盤頂）
2	魷魚頭	14	獅地坳	26	嶺尾坳
3	魷魚背	15	獅地	27	紅磡山
4	大冚	16	獅地下	28	籮地
5	鬚地	17	深坑尾	29	聯益公立學校
6	鬚地坑	18	凹口山	30	排界仔
7	蚊坑	19	烏石頂	31	榕樹頭
8	大嶺背田	20	瓦窰山	32	紅磡
9	大嶺背	21	埕仔嶺	33	泰成公立學校
10	大嶺山	22	南巫冚	34	膊頭瀝
11	大嶺坳	23	松仔冚	35	東嶺
12	淋坑山	24	營盤坳	36	西嶺

【沙江周邊詳圖】

圖例
小徑
河流
車路
村落
塘
磚窰
虎草村
崩
大岡
黃蜂嶺
夾口
深
深灣路
流浮山
圳口
圳口嶺
昂頂嶺
糞箕窩
紅山尾
流浮山墟
簷篷
沙富田
鴉雀嶺
21
24
25
26
27
28
紅山角
流浮山道
田寮
深灣路
33
32
嶺嘴
營盤
坑口村
鰲磡新村
31
30
坑口河
鰲磡村
沙江橋村
29
沙江圍
34
35
流浮山道
36
膊頭嶺
沙江天后廟

門裝有鐵柵及擋板，以作防衛之用。屋頂結構呈圓形，狀若炮台。

一九九〇年至二〇〇〇年間，流浮山警署與尖鼻嘴警署先後被納入天水圍分區之內，並下轄於天水圍警署。

廿一世紀初，特區政府調動該署警隊，改往天水圍警署駐防，流浮山警署遂停止運作，建築物空置。至二〇一四年，香港古物諮詢委員會評為三級歷史建築。

自流浮山墟口迴旋處，循山東街駕車北行，可上達流浮山警署。

三、野外地志

排界仔

排界仔一作牌界仔，在流浮山公路新慶村車站旁，該處有細葉榕一株，樹下有北帝神龕，額題『玄天上帝』。

據村耆言：舊日細葉榕原與朴樹並生，相互對峙，中留一隙，分庭抗禮，狀若界限，土人遂以『牌界』名之，或呼作排界仔，積漸而成地名。後朴樹遭斫伐，獨留榕樹，於今猶存，生態茂盛，欣欣向榮。

朴樹（學名 *Celtissinensis*，榆科 *Ulmaceae*，英名：*Chinese Hackberry*），乃香港原生樹種喬木，常見於市區及鄉郊，用以作行道樹。秋冬葉漸轉黃，繼而萎落，再於春季長出新葉，呈嫩綠或紫色。農村或呼朴樹為迫逼子，又名相思樹，盆景組成常須用之。春日發芽，初夏結果。果色紅黑，可食。村童每以其核作彈，用於自製『竹槍』，為射擊之戲，故以稱之。

排界仔北側，另有榕樹頭一處，位公路旁鰲磡新慶村徑口，是處有古榕兀立其間，根株粗壯，因以為名。

沙富田

在流浮山墟之東，牛磡新村（新慶村）之西，昔為耕地，土名沙富田。範圍頗廣，包括紅山尾至紅山角一帶。聞村老言，其中土壤含沙質，故以稱之。今棄耕多時，土地用途亦已更改。至於以沙富為地名者，亦常見於廣東他處，如新會、順德等縣俱有之。今新慶村神廳內，堂上供奉者，中有周龍祖師神位，周龍即為新會沙富鄉人。【註】

【註】參閱《廣東地圖》GSGS4691（1:50,000）分幅 M10 SW〔古井〕，《廣東地圖》GSGS4691（1:50,000）分幅 M9 SW〔杏壇〕。以上兩圖，均有『沙富村』地名，前者屬新會，後者屬順德。

田寮

在流浮山墟之南，西臨後海之濱，耕地面積廣邈。今沿岸一帶已成聚落，即坑口村所在處。聞牛磡村老言：曩者鄉人赴流浮山墟購物，皆呼該處為『田寮』，背枕一坵則稱『田寮山』，而無流浮山之名云。如今田寮之名，堙沒已久，再無人能識之矣。故特表而出之，以供探索史地

自田寮仰望流浮山，古稱田寮山。

者之稽覈焉。

大嶺背

大嶺背在望西岃大嶺山陰，與魷魚嶺相夾山谷中，有耕地，名大嶺背田。蚊坑流注其間，土人築渠豬水，用以澆灌作物。

獅地下

在望西岃副峰淋坑山南麓，附近一帶，皆為田疇，以位獅地之下，故名。其上即大嶺坳所在，山畔有黃族『獅子望樓臺』墓。坳下西南側，陡坡間向稱獅地，其西南山口，即獅地坳所在處。

營盤下

沙江圍背枕一坵，土名營盤頂，其南麓舊呼營盤下，或簡稱營盤，山以之得名，別稱鶴藪山。【註一】前曾詢諸鄉老，欲知其命名『營盤』之由，是否與清季屯兵有關，則咸莫能對。

考《康熙新安縣志》卷八《兵刑志・墩堡》載：康熙八年（一六六九年）允許復界後，嘗設汛兵於沿海佈防，謂「於險要處築設營盤排棚，蓋造營房，撥兵防守，以絕盜賊來往窺伺。」又謂「於輞井地區，設營盤一座，安兵三十名。」下註曾改作瞭望台。康熙十年（一六七一年）八月廿一日，與其他瞭望台共九處，「被風傾毀」，其後確估工料，集資修復。至康熙二十一年（一六八二年），「奉文裁兵，輞井汛安兵二十名。」又《嘉慶新安縣志》卷十一《經政略四》有「輞井營盤」之記載，謂其後改作汛房。因該處一帶，地近後海，昔皆屬輞井範圍，因疑今之『營盤下』，

沙江圍莫南喬墓碑誌（局部）。

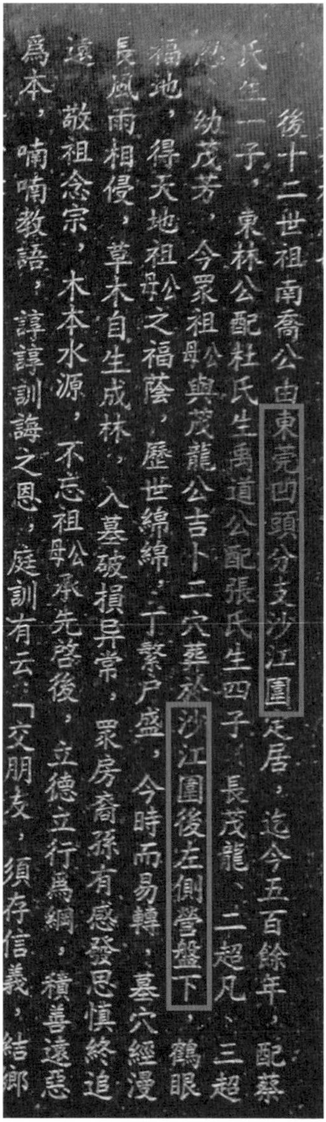
後十二世祖南喬公由東莞凹頭分支沙江圍定居，迄今五百餘年，配蔡氏生一子，東林公配杜氏生禹道公配張氏生四子：長茂龍、二超凡、三超然、幼茂芳，今眾祖公母與茂龍公吉卜二穴葬於沙江圍後左側營盤下，鶴眼福地，得天地祖公母之福蔭，歷世綿綿，丁繁戶盛，今時而易轉，墓穴經漫長風雨相侵，草木自生成林，入墓破損異常，眾房裔孫有感發思慎終追遠，敬祖念宗，木本水源，不忘祖公母承先啓後，立德立行為綱，積善遠惡為本，喃喃教語，諄諄訓誨之恩，庭訓有云：「交朋友，須存信義，結鄉

或乃清季曾作輞井汛駐兵之所。是故清時所云之『營盤』，前輩則曰『兵房』，近世則謂『軍營』，名稱雖殊，而所指一也。

今營盤下乃沙江圍先民安於窀穸之區，有莫、鄭、鄧諸姓，墓碑多鐫『葬於營盤下』。中有莫族祖塋南喬公與妣蔡氏之『風吹鶴眼』塚，重修於光緒十五年己丑（一八八九年），墓誌載：「自東莞凹頭遷此，迄今五百餘年，葬沙江圍後左側土名營盤下。」又嘗見輞井松山尾有莫族明十五世超凡公塚，清道光十五年（一八三五年）重修，墓誌載墓主為南喬公曾孫，其妻張氏另瘞於營盤下云。【註二】固知上溯明、清之世，沙江一帶，地屬輞井，兩者同處一隅，當時已有『營盤下』此土名，亦即改隸新界前已存在矣。【註三】復細審是處地形：背枕低垢，外可為海岸之藩籬；山坡平緩，內宜作汛兵之駐地。其名『營盤』者，亦實有由來也。

又《康熙新安縣志》卷十一《防省志・寇盜》載：康熙十九年（一六八〇年）六月，海盜犯沙江，雞柏嶺砦陷落。據此可知，清季曾於沙江附近之雞柏嶺建砦駐兵。今細察地貌，該山瀕臨海岸，接近沙江圍，於毗隣諸垢中為最高，邑志所稱之瞭望台，或即建於其上，以利勘察賊舟之行踪與動向，斯亦理所當然者也。【註四】

【註一】參閱本編《山川志・山嶺》〔**鴉雀嶺・鶴藪山**〕條。

【註二】參閱《輞井編》《山川志・山嶺》〔**松山嶺**〕條。

【註三】或謂「該處曾作英軍駐地」者，覽此當可知其為非也。

【註四】參閱《厦村編》《山川志・山嶺》〔**雞柏嶺**〕條。

簷篷下

簷篷下或書作檐篷下，在簷篷頂南麓，故名。惟未知其義，亦不知其所謂『簷篷』者位於何處？或謂乃營盤下東北向伸延之一部，蓋『簷篷』、『營盤』音近也。此說未知確否？待考。是處有莫、陶兩姓墓群，今為沙江圍原居民歿後葬區。

松仔凹

松仔凹在營盤坳之東麓，位埕仔嶺之南，南巫凹之下，其東為簷蓬下，西為營盤下，是處一帶，皆為墳地。山畔有明季龍氏雲集公墳，據墓誌載：公生於洪武己酉年（一三六九年），卒於正統丙辰（一四三六年），享壽六十有八，乃沙江龍族之始祖，與莫族始祖南喬公同為明初洪武間人。至於徙自何方，則墓誌未見述及。又有十六世祖燦京墓，清咸豐六年（一八五六年）丙辰重修，墓誌「土名蚺蛇鬱松子峃」，由是而知，該處於清季已有此土名，今則獨以『沙江』一名全括之，而『蚺蛇鬱』一名，亦漸為世人淡忘之矣。**【註】**

【註】 參閱本編《輿地志・聚落》「沙江概説」及《山川志・山嶺》〔**鴉雀嶺・鶴藪山**〕條。

南巫峃

南巫峃在埕仔嶺之南麓，與松仔峃接壤。東為簷篷坳，西為營盤坳。該處一帶皆墟墓，乃沙江先民葬區。山徑可北入糞箕窩，西北出圳口，東通犁石嶺至獅地坳，南達營盤下至沙江圍。

查所云『南巫』者，乃由『喃嘸』二字轉化而來，粵俗有『喃嘸先生』或『喃嘸佬』之稱謂，指以符籙齋醮、賀神祭幽為業者，即所謂火居道士之類是也。又嘗以此處得名之由，遍詢鄉人，咸莫能悉。

『南巫』用以為地名者，除此之外，他如上水白石坳附近，有南巫地，澳門市區內有南巫圍，近年九龍白田，又出現有『南巫山』一名等，皆是其例也。

瓦窰頭

瓦窰頭在沙江圍之東北，當埕仔嶺之南麓，原為畎壠，面積廣闊，棄耕後已荒置。昔有燒瓦作坊，散處其間，故以為名。山畔有清嘉慶十七年（一八一二年）壬申何欽贊與莫氏合塚，墓誌載土名相同。又輞井區內亦有『瓦窰頭』，與此乃同名而異地。【註】

【註】參閱《輞井編》《輿地志・野外地志》〔**瓦窰頭**〕條。

糞箕窩

糞箕窩在埕仔嶺之東北，乃一山谷，南北東三面環山，內為田疇，西與圳口壠畝相接。遙望遠方瀕海處，一坵橫陳者，乃流浮山。

糞箕窩呈馬蹄形，以狀若糞箕，故名，其盡處稱糞箕孖。【註】東枕一坵，為烏石頂，自糞箕孖循徑可登。北攔一坵名昂頂嶺，為冧坑頂之分脈。南有山口，稱糞箕坳，有徑可通南巫冚。

【註】牛潭山之北麓，新田區內，亦有糞箕窩，與此同名而異地。參閱拙著《牛潭山志》頁一七一。

鬚地

鬚地在魷魚嶺之西北方，自魷魚頭北向，別出一嵴，北向下伸，土人以為魷魚之觸手，故以為名。其東一隝即大冚，其西乃雲浮仙觀所在。鬚地盡處，下臨苦草尾。

大冚

大冚在魷魚嶺北麓，鬚地之東，面積頗廣，原為耕地，有徑可東通芒果仔，北入苦草，西至夾口。近魷魚嶺畔一帶，土名魷魚背，地甚荒僻，皆為墟墓。今田已棄耕，四周圍以木板，道路封閉，不可通行矣。

夾口

夾口在黃蜂嶺之東，崩岡之南，虎草村之西南，地當深坑之下游，尖鼻嘴公路（深灣路）經此，有十字路口，西入黃蜂嶺，東通深坑尾等地。

圳口

圳口在流浮山墟之東北，西南與沙富田相接，附近一帶原為田疇，自廢耕後皆已開闢，今有尖鼻嘴公路（深灣路）經此。昔日有小溪，自糞箕窩西向流出，至此用以灌田，故有圳口之名。兩邊各有一坵，南北相對，皆有土名，前者為紅山尾，後者為圳口嶺，其內為耕壠，地形若張巨口西向者然。

圳口嶺西麓，有輞井鄧族祖塋數座，居中者乃明季鄧大經與黃氏合塚，據墓誌稱：墓主生於嘉靖丙戌（一五二六年），卒於萬曆己丑（一五八九年），享年六十四，娶孺人黃氏，生三子，葬於土名圳口云云。該墓於清同治五年丙寅（一八六六年）曾作重修。

籮地

籮地在紅磡山東北側，當鶴藪山之背，乃小山隖，其形如筐，故名。其內灌林蕪翳，地甚荒僻。自紅磡山嶺嘴，有羊腸可通其處。

紅山角　紅山尾

兩者均位於鰲磡新慶村之北，皆紅磡山下伸之餘勢。參閱本編《山川志・山嶺》〔鴉雀嶺・紅磡山〕條。

山川志

一、山嶺

輞井苦草至沙江圍間，山脈橫亘，成東北、西南走向，與後海岸線平行，自輞井村西南側之芒果仔至沙江新慶村東北側之紅山角，全長約一·五公里。山脈為連貫之低坵，由魷魚嶺、望西岃、犂石嶺、昂頂嶺、葫蘆嶺、鴉雀嶺組成，高度均在百米以下。最高處為座落於東北方之望西岃，其主峰大嶺山，高度亦僅為八十餘米。現分述之如下：

魷魚嶺

魷魚嶺位山脈之東北盡處，主峰為魷魚頭，居西，其巔坦平，呈長方形，高僅五十餘米。山梁植被稀疏，偶見有小樹數株而已。主嵴東北伸延，至盡處為魷魚尾，再降至芒果仔，落於平陽。西北麓坡緩處，土名苦草尾，或稱苦草地，今已墾為畎壟。其西約一四〇米處，隔田另起一坵，土名崩岡。魷魚嶺西南，越坑尾坳，即與望西岃相接。

魷魚嶺頂高約六十餘米，是為魷魚頭，地圖無標高。魷魚頭之北，平嵴下伸，長而坦平，土名鬚地，於鬚地坑之東，入於田疇。其西與崩岡對峙，中隔一谷，即鬚地坑所在處。

魷魚嶺山陰，通稱魷魚背，前接鬚地，下臨大冚，是處盡為塋域，有徑相連，若斷若續。坡間一塚，營葬於民國五十九年（一九七〇年），墓主黃漢基，原藉廣東電白縣沙瑯鄉人，非本地土著。據墓誌載，略謂：民國三十八年（一九四九年）來港寄寓元朗，此墓地土名輞井魷魚嶺，乃蒙張姓長老轉讓云云。又魷魚尾南坡，亦有一塚，碑誌『浮雲湧日福德公墓』，無年月，所瘞者不知何人，想亦為無主孤魂，與香港島筆架山將軍石下之伯公墳，同屬此類。茲以斯二

【自苦草嶺遠眺魷魚嶺全景】

者殊於他墓，故特記之。

芒果仔

芒果仔在魷魚嶺東北麓，另起小坵，土名芒果仔，高僅二十六米。【註】隔隴與其東之小坵圓嶺仔相對。其處昔有果園，種植芒果之屬，因以為名。

【註】高程據《香港地圖》GSGS3868（1:20,000）第十幅、《香港地圖》GSGS L8811（1:25,000）第十幅。

望西峝

望西峝為大嶺山與淋坑山之合稱，距流浮山東北約一・一公里，東西兩峰，主峰稱大嶺山，高八十二米，【註二】其巔坦平，砂土鬆脱，曩者全無植被，故能暢覽無遺；近年於山巔植樹，遠望可見疎林數本，掩抑其間。舊以其西朝後海，又為全脈之最高點，登臨縱目，九逕、杯渡、靈渡、蛇口、赤灣、伶仃等處，以至丫髻山下之魚塘水鄉，均可盡收眼底，故有『望西』之名。山間灌林茂密，坡度頗陡。

其脈西南伸，過大嶺坳，起一頂為副峰，土名淋坑山，別稱冧坑山，或曰淋地嶺，海拔七十五米，有三角測點，【註二】淋坑山下接獅地坳，山口之東，當大嶺坳之下，有塚呼『獅地』，曾詢之沙江村老，方知實乃該處昔時之土名，據謂山形肖獅，故

自望西岃俯瞰輞井田園風貌。

有是稱云。獅地坳南向過脈，經凹口山，即與犂石嶺相接。

【註一】據《香港地圖》GSGS3868 第十幅及《香港地圖》GSGS L8811 第十幅。《香港地圖》HM20C 第二幅高程為八十一米。

【註二】此據二〇一七年第十版《香港郊區地圖》《新界西北部》標高。

犂石嶺

犂石嶺為凹口山、烏石頂、瓦窰山之合稱。自望西峊淋坑山經獅地坳過脈而來，先起一坵為凹口山，循嵴而南，至最高處，為烏石頂，乃犂石嶺之主峰，巔有

【自犂石嶺遠眺望西峊全景】

耳果相思，獨樹一株，覆蓋如傘。上有露岩，其色黝黑，故以名焉。西側下臨糞箕窩，內有耕隴，其盡處稱糞箕𡿨，有徑可通烏石頂。烏石頂又南，遞降為瓦窰山，東麓下臨瓦窰頭，巔有石筍矗立，自遠方可見。東坡之下，有莫巨耀與黃氏合墓，喝形『獅子滾球』。瓦窰山又西南，山口稱糞箕坳，過脈為葫蘆嶺。

昂頂嶺

凹口山之西北，為深坑尾，越之別起一坵，土名昂頂嶺，高約四十餘米，南隔糞箕窩與葫蘆嶺相對，西北與濱海之黃蜂嶺相望，距離約六〇〇米。

葫蘆嶺

葫蘆嶺高約三十餘米，兩邊均有埡口：東為糞箕坳，接犂石嶺；西為簷篷坳，連鴉雀嶺。山脈至此，別具左右逢迎之勢，葫蘆嶺適居其中，若為兩者緩衝之所。山坡有沙江村廿五世莫維康與林氏合墓，喝形『金線吊葫蘆』，不知建於何時，乙酉年嘗作重修。葫蘆嶺又西，越簷篷坳，即與鴉雀嶺群山相接。此山口以南坡地，為村民叢葬之所，則通稱曰檐篷下焉。

鴉雀嶺

鴉雀嶺橫亙於沙江圍與牛磡村之北，山脈包括埕仔嶺、營盤坳、鶴藪山、嶺尾

坳、紅磡山、紅山角、紅山尾等處，總稱鴉雀嶺。

鴉雀嶺主體為三坵相連，狀若展翅翺翔之飛鳥，故名。自東而西，各有專稱，即上述之埕仔嶺、鶴藪山、紅磡山是也。茲分述之如下：

埕仔嶺高約三十餘米，形如鴉雀嶺之左翼。北臨糞箕窩，南麓為南巫冚，又南為松仔冚，東為簷篷坳，與葫蘆嶺接，南為營盤坳，與鶴藪山接。

鶴藪山位埕仔嶺之南，當沙江圍村背，

【自葫蘆嶺遠眺望西岃眾坵對景圖】

高約三十餘米，較埕仔嶺稍低，乃鴉雀嶺之主體，即其首之所在也，故有『鶴眼』之墳，亦有『鶴臨沙江』之語也。【註二】鶴藪山南臨營盤下，故又別稱營盤頂。

曩者是處山圻，林木蒙茂，鳥類喜棲息其間。又因地近後海，亦多鷺鷥之屬，翔集於斯，故有鶴藪山之名。是處一帶，荒林中雀巢遍佈，且內多鷚卵，招致蟒虺之類，來此攫食，因而有『南蛇竄』之名，斯乃沙江圍之別稱也。南蛇竄，《新安縣志》《康熙本》及《嘉慶本》俱作『蚺蛇鬱』，『鬱』與『竄』音同而借用也。【註二】

鶴藪山之西為嶺尾坳，越之另起一頂，高四十餘米，如鴉雀嶺之右翼者，土名紅磡山。山嵴西指新慶村者，盡於紅山角；另一支伸延至新慶村之東北者，其間高樹幽林，無路可通，長脈入於平疇，盡處稱紅山尾，即圳口之所在。

自嶺尾坳西向，循蹊陟巔，須臾可抵紅磡山，北眺後海方向，附近景物，一覽盡收。前望正與流浮山相對，其下平疇，土名沙富田。此山南臨牛磡村，山陽之處土名嶺嘴，有黃族塚墓。西南隔田寮與髆頭嶺對峙，相距約半公里之遙。

鴉雀嶺一帶，村人有物故者皆瘞於此，故墳塚遍佈，多莫、黃二姓，墓誌亦間鐫土名，均可供探索地名之一助也。

【註一】該處有沙江圍莫氏十二世祖墳，為莫南喬與蔡氏合瘞，重修於清光緒十五年（一八八九年）己丑，墓誌載：「莫氏由東莞邑凹頭村分支而來，迄今五百餘年。……葬於沙江圍後左側，土名營盤下。……地形風吹鶴眼明。」旁聯云：「鶴臨沙江，眼衍良才。」

【註二】參閱本編《輿地志・聚落》〈**沙江概說**〉。

【自烏石頂眺望鴉雀嶺群坵對景圖】

塼頭嶺

塼頭嶺在流浮山之正南方，相距約四〇〇米。自麓達巔，全為壚墓。兩頂相竝，宛若聳肩，因以為名。有東嶺、西嶺之分，其間凹陷處，土名塼頭瀝，原有小溪，天旱則枯。西嶺四十餘米，東嶺三十餘米，下臨沙江村海邊區，南與雞柏嶺相望，中隔低坧，有九龍蟠象及神前嶺，皆在畎隴之中，已為密林所蔽，不可得見。

【註】西嶺之上皆幽林，地甚荒僻，附近有牛磡村黃存善祖墳，墓誌略云：「公生於崇禎壬申年，……終於康熙己亥年，……土名塼頭嶺，……乾隆十一年（一七四六年）重修。」

【註】以上雞柏嶺等處，屬（厦村區）範圍，載於《厦村編》內，茲從略焉。

圳口嶺

圳口嶺位於流浮山墟之東北，南與牛磡紅山尾相對，其間耕壠，是為圳口，山以之得名。此低坵高僅十餘米，實乃昂頂嶺西伸，入於平陽之盡處。山畔有明季鄧大經墓，參閱本編《輿地志・野外地志》〔圳口〕條。

流浮山

流浮山原名沙岡山，又或稱田寮山，高約三十餘米。長坵南北向，橫亙於後海之濱，似舟自海上漂來，停擱水涯之象，故有

自鳳降村凹仔遠眺流浮山、黃蜂嶺及塼頭嶺。

『流浮』之名。其上灌林覆蓋，青松疏秀。東坡平緩，西崖峻峭。巔有警署，甚為矚目。

補錄

流浮山警署，二〇一四年已被列為三級歷史建築，參閱本編《人工建築》〈流浮山警署〉條。

黃蜂嶺

黃蜂嶺在後海之濱，一坵孤立，高四十四米，【註一】遙望山巔，有建築物一座，矗立其間，乃香港漁農自然護理署所屬。【註二】其上高樹蔽天，靠海一方，山崖陡峻，下有魚塘及耕地。

【註一】據《香港地圖》GSGS3868（1:20,000）第十幅標高。
【註二】見《香港地圖》DOS231 Series L884（1:10,000）分幅 5B ，在此山巔有建築物者是。

崩岡

崩岡在黃峰嶺之東，兩者中隔一溪，土名深坑。崩岡乃一低坵，高約三十餘米，東與鬚地對峙，中隔一谷，鬚地坑流經其處。西麓即虎草村所在。其北瀕海，舊有磚窰，乃鬚地坑入後海處。

二、埡口

獅地坳

獅地坳或稱冧坑坳，在淋坑山與犂石嶺凹口山之間，亦即望西岃與犂石嶺過脈處。山口有徑，東向可上登獅地，故名。東西兩邊，淋坑與深坑分導。兩側皆有徑下行，昔為交通要衝，東傍淋坑而降，可至獅地下；西落深坑尾，經耕隴可出夾口。

糞箕坳

糞箕坳為葫蘆嶺與犂石嶺瓦窰山過脈處，山口之北，有徑進谷，稱糞箕窩，因而得名。山口之東，舊有瓦窰，今已無存。其南耕壟遼闊，土名瓦窰頭，已廢耕多年矣。

簷篷坳

簷篷坳之東為葫蘆嶺，西為埕仔嶺，下臨簷篷下，故名。山口有徑，南通南巫冚、松仔冚，北入糞箕窩。

營盤坳

營盤坳位營盤之上，故名。其南為鶴藪山，北為埕仔嶺。山口有徑東通南巫冚，北往圳口。

嶺尾坳

嶺尾坳在紅磡山之嶺尾處，故名。其東為鶴藪山，西為紅磡山，北為籮地。山口有簡便車路，東往南巫冚、簷篷下，西通牛磡、沙江圍，北落圳口，可至流浮山墟等處。

坑尾坳

坑尾坳當望西峁與魷魚嶺過脈處，其東出一溪，名河圍坑。又西側一水，為鬚地坑。

大嶺坳

在望西峁中，位主峰大嶺與副峰淋坑山之間。山口之南，半坡處有獅地，舊以其形肖而得名，南麓有小塢，因而稱獅地下。

大凹坳

在大凹之西側，東北為苦草尾，南為崩岡，今為尖鼻嘴公路（深灣路）所經。

三、河涌・溪澗

本區溪流，皆出矮坵，流域短淺，水量不多，時或乾涸，間或斷流，與輞井區者，大致相類。若舉其可述者，為數亦無多，僅得寥寥數條而已。茲分述之如下：

淋坑

清季呼淋坑，民國時別稱冧坑，源出望西岃南端之獅地坳，東向出谷，經獅地下，折而東北流，過河圍，入於穿鼻滘。望西岃副峰淋坑山以之得名。

蚊坑

導源望西岃大嶺山陰之坑尾坳，下注大嶺背耕隴中，原為間歇性溪流，今建渠以供灌溉。出谷至河圍，始漸寬闊，稱河圍坑，入於穿鼻滘。參閱本編《輿地志・野外地志》〈大嶺背〉條。

深坑

源出獅地坳西，位昂頂嶺北坡之下，上流稱深坑尾，出谷後，入於田疇，是為深坑，再西北流，於深坑口注入後海。

鬚地坑

有南北兩源，前者出望西岃大嶺坳北，後者出魷魚嶺南之坑尾坳，合後向西流，是為鬚地坑，以坑谷位鬚地之西側，故名。出谷朝西北，直趨海岸，至磚窰附近，注入後海。此為季節性小溪，水量稀少。昔曾聞有呼之作『虎尾坑』者，未及問其得名之由，姑記於此以待考。

坑口河

坑口河源出鳳降村附近小坵間，經田隴暗流而出，西北向過膊頭嶺東，水道始漸顯露，繼而形

坑口河出後海處。

成大涌，因名坑口河，經流浮山鶴佬村南側，於坑口村出後海，故坑口村亦以之得名。今此涌經整治後，構築人工渠，並於出口處附近主徑，架設水泥橋以代木橋，北通流浮山墟，南往沙江天后廟，行者稱便焉。

四、周邊海岸

是處海岸，位後海之濱，通稱沙江海。自沙江廟至苦草環一帶，外皆泥底，而灘岸多沙，故有沙江之名。【註一】《康熙新安縣志》卷十一《防省志・寇盜》所稱之『沙江沿』，即指此也。『沙江沿』者，謂沙江沿岸也。

黃蜂嶺與流浮山之間，岸線平直，有小岬土名魚排嘴，泥脊之上，魚樁（*fishing stakes*）一排，向外伸出，乾出四呎，周遭泥灘僅乾出一呎。【註二】

沙江廟又西，海岸與牛磡石相接，地屬白泥區之上白泥。是處一帶，詳見《白泥編》《山川志・周邊海岸》所述，茲不贅焉。

【註一】參閱拙著《香港水域航行脞錄》卷三十二《後海・中部》白泥角至尖鼻嘴。

【註二】參閱《英國海圖》6960（1:50,000）〔後海〕（Sheet 1）。

【第三部】

香江方輿稽原略

陳卓署

卷十（選錄五篇）

南海　黃垤華岱峰　原撰

開平　潘熹玟群合　參訂

輞井玄關帝廟

輞井村外有玄關帝廟，曩聞司祝言：清季香山地師某喝其形曰『水浮金印』。故老相傳，謂廟址本居沙洲之上，地呈方形，四面皆水，盡是溼地，唯此孤島不淹，若浮台狀，故云。其後附近，逐漸淤淺，僅餘小涌。時鄉眾赴廟參神，尚可艤舟登陸，河道猶能通航，村人往返元蓢，水運亦賴之以濟。今地貌已改，四周變易，盡成水田沼澤矣。

傳說廟中曾出現巨蟒，蟠結於神案之上，然不為人害；又嘗見土地出龕夜行，咸以為神迹。司祝陳姓，名香根，寶安沙井人，一九六五年來此，受聘任職，已十一年於茲矣。【註二】

廟前一井，水深三、四尺，雖旱不竭，且甚清洌。又有桄榔樹數株，自遠眺之，尤為矚目。廟門石額，乃民國九年（一九二〇年）重建時所立，旁聯云：「玄天憑鎮懾；赤日賴劻扶。」其上灰塑裝飾，花卉圖案，亦頗精緻。輞井鄉社稷大王神壇，乃位於廟左。

玄關帝廟為二進式歇山頂建築，廟門內為擋中，旁一聯云：「玄玅闡真詮，武威一振妖邪伏；關河留正氣，忠義千秋日月光。」（辛卯冬穀旦）。首進多懸聯，其一云：「緬聖德之光天，名玄天，稱協天，洵欽帝天媲美；邁群倫而立極，居北極，位人極，允宜無極同尊。」（辛卯年冬）。其二云：「北方鎮座顯威靈，

輞井玄關帝廟前，桄榔樹下有水井一口。

恩沾輞井；帝闕重光多呵護，澤及屏山。」（屏山鄉敬送）。【註二】首進右側廂房，為司祝居室；左方有月門，可通偏室，即崇義堂辦事處所在。

首進與二進之間為享殿，中無天井，上蓋以瓦，外為鑊耳牆。鑊耳牆又稱鰲魚牆，引申為「獨佔鰲頭」之義，其功能以防火為主，故又稱封火牆。其弧線呈起伏狀，中高而邊低，蓋以鑊耳象徵官帽之兩翅也。

二進為正殿，中奉真武大帝，後牆有墨龍吐珠壁畫。真武座下，有小神像二尊，用作廟會出巡：左方黑面，前有龜蛇者，為北帝；右方赤面，配以關平像者，為關帝。廟內無碑記可稽，雖嘗詢諸司祝、耆老，均以年代久遠，亦莫能悉其詳矣。意者，刱廟之初，原應為北帝廟，試觀真武巨像，獨踞正殿之中，可知也。其後再增入關帝合祀，始更名曰『玄關二帝廟』。故神像之製作，體形乃較原神者小。關帝而外，又另造北帝一尊，大小相若，竝列左右，以示『分庭抗禮』之意也。據陳司祝言：昔逢廟會，鄉例必由父老恭請二帝神像入座轎中，並配以儀仗鼓樂，出廟赴四鄉巡迴，藉以驅邪卻疫云。

殿內配祀者，尚有四大元帥神像，即玄壇、殷元帥、華光、康王是也。又此廟康王神像，項懸人首十八，未明其故？此為七六年四月五日實地採訪時所見，聞陳司祝言：「據傳人首原不止此數，或日久有所脱落，是未可知也。」

正殿之右，奉祀土地、觀音及辛巳年立輞井鄧氏鄉賢神位等。左方則用以存放雜物，包括羅傘、香爐、花瓶、鐵牌等。

殿內懸聯云：「殿宇巍峩，人傑地靈千古秀；聖帝浩蕩，民康物阜萬家春。」又銅鐘一口，上鐫：「康熙三十二年，新安縣輞井合鄉鑄，重一百餘斤，佛山汾水

輞井玄關帝廟內康王神像，項懸人首十八顆。

萬名爐造。」清康熙三十二年，即一六九三年，乃在清初復界之後，此或為刱廟時之舊物，距今已越三百有餘寒暑矣。

【附錄】

輞井玄關帝廟內尚有對聯及木匾，茲照錄如下：

（一）對聯

殿宇重輝，人傑地靈千古秀；
帝德同沾，民豐物阜萬家春。

金闕重輝，祥映八方世界；
玄天著德，恩覃四海黎民。

北闕頌聲靈，恩覃輞井；
帝城施福德，澤普村圍。

（二）懸匾

帝德宏深　關帝重光　保我黎民　共沐恩光

（其餘橫匾尚有多方，未能盡錄，包括清宣統、民國及辛卯年所獻。此外，廟內尚有文物如香爐、神案等，前者為民國九年（一九二〇年）舊物，後者則莫攷年月。）

【註一】以上為一九七六年四月五日實地採訪所得。

【註二】其餘尚有數聯見附錄，茲不贅。

鶴洲嶺古塚

輞井玄關帝廟之東，起矮岡，土名鶴洲嶺。其南麓有古塚，為鄧悅沼墓，右為長子紹尹墓，重修於清乾隆八年（一七四三年）。碑誌謂「葬於土名鶴洲嶺。」又謂「悅沼乃稅院郡馬十世孫。……子紹尹，明嘉靖乙卯年卒」云云，其餘則漫漶不可識，是父子皆明季人也。又稅院郡馬者，於彼族中為第十七世，則紹尹者，當為第廿八傳。據《厦村鄧氏族譜》載：「鄧悅沼為洪贄公之孫，理柔公之子。」又此墓曾於二〇〇九年孟秋重修，今已煥然一新。鄧墓之下，另有張塚，乃乾隆時所葬，為輞井村張族之先塋。

沙江圍紀畧

沙江圍在鴉雀嶺下，與牛磡村毗鄰。圍門聯云：「沙明水秀，江碧山青。」其外有池一泓，其內甬道，暗斜而升，盡於神廳。神廳之內，正中以紅紙乙幅，全書諸神名號，左祀天后坐像一尊，旁一聯云：「沙數眾生咸沐德，江村群庶盡蒙庥。」

村內有厚德書室，一九八〇年庚申重建超忍堂於此，並繫以聯云：「超然積德，忍耐成金。」數武之外，又有惠章堂，僅見一聯云：「惠光垂照孝忠德，章句宏揚禮義經。」堂左側有徑上坡，可登鴉雀嶺、鶴藪山、營盤頂、犁石嶺諸坵，其上昔多林木，為禽鳥所棲，常招致王蛇之類，來此攫食，故沙江圍別名蚺蛇竇，本此。

鄉例建醮，以六年為一屆。近年嘗以丁亥歲為期（二〇〇七年），於一月三日啟壇，至七日圓隆，極一時之盛，亦懸楹聯數副，大致嵌村名於內，以『鶴頂格』撰就，茲迻錄之如左：

【圍門外】

〔門聯〕沙數六生歸覺路；江村連日啟壇經。

【圍門內】

〔張天師〕凜凜朝中真宰相；堂堂天下大宗師。【註一】

【圍內神廳】

〔門外紙聯〕沙點成金農產滋豐憑聖德；江濤泛寶漁畋獲利阜民財。

〔神龕聯〕沙繞鄉閭司獲福；江郵老少盡安康。

〔殿懸木聯〕沙水遠宏感念眾神扶左右；江圍長善常懷列聖佐東西。

〔橫匾〕『眾聖光靈』。

【圍後社壇】

〔對聯〕沙江鐘靈圍里社；江山獻秀衛神壇。

【圍外洪聖宮】

〔山門對聯〕洪波平海甸；聖澤沐閭閻。

〔神殿懸聯〕洪海平波閭閻永賴；聖賢合德日月同明。

〔廟外社壇〕沙水鍾靈圍里社；江山獻秀衛神壇。

又據邑志載：清康熙十九年（一六八〇年）六月初一日，海寇嘗進犯沙江、厦村。《嘉慶新安縣志》卷十三《防省志・寇盜》云：「賊泊白石海、沙江沿，劫厦村一帶，唯雞栢嶺一砦，力拒數日，賊百計攻陷，屠戮無遺，僅存在外者二三人。」所謂白石海、沙江沿，即今後海濱之白泥至沙江天后廟、流浮山一帶，而沙江即沙江圍，沙江沿指沙江海沿岸地【註二】，舊亦屬厦村範疇之內，故云。

沙江圍門內土地神龕，旁懸張天師畫像。

【註一】圍門內有土地神龕，建醮日於其左旁懸掛張天師坐像畫軸。天師雙手持『五雷號令』，寶劍符印等法器則置於其左。又嘗見錦田八鄉蓮花地村於建醮日，圍門內之陳設亦如之，祀門官及張天師，並懸此聯。

【註二】沙江海見於《嘉慶新安縣志》卷四《山水略》〔穿鼻滘〕條內。

沙江天后廟

沙江天后廟，座落於沙江圍之西，臨後海之濱，與對岸蛇口、大南山遙遙相望。據廟內懸鐘，知其始建於清康熙四十五年（一七〇六年）。一九七二年嘗作重修，於翌年工竣重光。

山門石額「天后古廟」，陽文，鄧文森書，署「光緒庚辰年重修」（一八八〇年）。石聯：「天恩敷海國，后德被沙江。」（癸丑仲春厦村鄧友恭堂敬泐）。另木聯一：「母儀稱聖，后德配天。」（一九六九年）。木聯二：「沙地留古蹟，江海渡慈航。」鄧啟芳拜撰，（一九七三年一月壬子臘月）。

擋中無門，其上懸匾「共被洪庥」，光緒歲次乙巳季夏吉旦（一九〇五年）。木聯云：「天道無私，恩敷澤國；后儀足式，德被沙江。」（一九七三年癸丑孟春念五，厦村鄉錫降圍全體仝人）。

檔中內側，尚有木聯如下：

（一）「沙明水淨，雨順風調，穆穆然神恩廣大；江深海闊，地靈人傑，巍巍乎廟貌常新。」沙江圍敬贈。

（二）「天恩浩大，蔭護四海添百福；后德綿長，威鎮沙江集千祥。」歲次癸丑年正

沙江天后廟外貌。

月廿五日，潮惠州花炮會。【註二】

右壁嵌《重修沙江天后古廟》碑記，勒於一九七三年，《香港碑銘彙編》已全錄其文，可參閱。

主殿神龕，正中奉天后，配祀千里眼、順風耳二神。左殿為福德老爺、天然神，右殿為金花娘娘。

殿內銅鐘，銘鐫：「康熙肆拾伍年（一七〇六年）孟夏穀旦，汾水隆盛爐造」，乃刱廟時所鑄。殿上懸匾額多方，計有：「莫不尊親」（光緒六年（一八八〇年）庚辰仲冬穀旦）、「德可配天」（民國十二年（一九二三年）吉日立）、「共沐鴻恩」（民國三十一年（一九四二年）七月十六日，

沙江天后廟檔中，上懸「共被洪庥」橫匾。

在大殿右上）、「四海昇平」（民國六十一年（一九七二年）壬子，在大殿左上）、「眾生感恩」（民國六十二年（一九七三年）癸丑）、「境泰民安」（民國六十二年孟春，在大殿右上）、「護國庇民」（一九七三年）、「德澤黎民」（黃新慶村送，一九七三年）、「風調雨順」（無年月，在大殿左上）等。

殿柱尚懸木聯數副：

（一）「錫福藉神恩，春夏秋冬皆廣大；降祥憑聖德，東西南北自安寧。」（沙江天后廟重修崇新落成誌慶，一九七三年歲次癸丑孟春念五，開光紀盛，厦村錫降村村公所同人敬送）；

（二）「后德同欽，垂庇顯靈恬粵海；神庥普蔭，至誠感格福沙江。」；

（三）「廟貌喜重新，共仰母儀鎮福地；神靈多感格，咸沾聖澤佈江邨。」（光緒庚辰年仲冬穀旦，一八八〇年）。

廟右偏殿，無配享之神祇，唯懸木聯一副，其文云：「沙明水秀蒲田現，江渡流浮彼岸登。」旁署「民國癸亥十二年首夏小滿節刊，沐恩弟子鰲勘黃大興等敬送」。【註二】廟左建築物，為「重修天后廟辦事處」，額書「一九七二年壬子」。

廟瀕後海之涯，曩者山門之前，盡是沙灘，除此以外，皆為泥沼，嚮與漫生紅樹，相映成趣，今則全鋪以水泥，無復舊觀，昔時景象，亦已不再！

廟背枕雞栢嶺，清季於山中構砦，以禦海寇，康熙間為賊所陷，後遂廢棄，事載於邑志，可證也。【註三】

【註一】此外，尚有一聯云：「沙數恆河佛，我佛慈悲，救民救世；江邊奉天后，娘娘顯聖，雨順風調。」乃鰲磡村、新慶村、黃泰成堂所獻，措辭失當，對仗欠工，姑備錄之以存參。

【註二】民國癸亥即一九二三年，鰲勘即牛磡村，『磡』誤書作『勘』。

【註三】見前《沙江圍概述》所載。

源滙黃公祠

源滙黃公祠在鰲磡新慶村內，為黃族祖祠，鄧雲橋書額，民國壬戌歲冬立。門聯云：「源流溯遠；滙澤朝宗。」門牆之上，綴以行艸題句，左為王羲之《蘭亭集序》，自「是日也」至「信可樂也」；右為孔稚珪《北山移文》，自「鐘山之英」至「吾方知之矣」。

祠宇為兩進式結構，無擋中，僅留門檻於地。天階兩側，左廡有大竈，右廡則空無一物。內進為滙本堂，上奉黃族明十三至廿四世祖祧主。龕聯云：「源遠流芳綿參里；滙通澤厚達秋崖。」【註一】堂柱懸聯云：「源遠千年，祠堂新受彩；

源滙黃公祠門牆之上，行艸書孔稚珪《北山移文》題句。

匯同一派，祖德永留芳。」下署恆會祖子孫敬送。

餘者尚有木聯數副，錄之如下：

（一）「政績著漢朝，祖德光生祖宇；甲科開宋代，沙頭輝暎沙江。」【註二】

（二）「源啟流芳，肯構肯堂榮祖武；匯成泰裕，俾昌俾熾耀孫謀。」下署眷弟等六人鞠躬。

（三）「系本源流，乃祖乃功，黃罡芬馨崇俎豆；衍蕃支派，俾昌俾熾，白華比潔肅衣冠。」上款：「匯本堂列位仁兄大人董理貴祠落成，令太祖源匯公崇陞紀慶。」末署：「沙江圍等仝拜。」懸聯之上，牆間有行書題句，以作裝飾：左以反字書王勃《滕王閣序》，自「南昌故郡」至「而引甌越」；右為漢武帝

源匯黃公祠內牆間，以行艸反書王勃《滕王閣序》選句。

《秋風辭》，僅錄其前四句，自「秋風起兮白雲飛」至「懷佳人兮不能忘」，末署民國癸亥年。

祠後枕紅山角，坡間有白玉蘭一株，四月間花發，飄香浮動，沁澈心脾。

【註一】參里，指東晉黃舒，見《康熙新安縣志》卷十《人物志》及《嘉慶新安縣志》卷十九《人物志・鄉賢》。◎秋崖，指南宋黃石，見《康熙新安縣志》卷九《選舉志》甲科及《嘉慶新安縣志》卷十五《選舉表・甲科》。

【註二】漢朝，指西漢黃霸；宋代，謂南宋黃石，參閱上【註一】。

【第四部】（附刊）

錦田高步橋碑考索

稽原略卷九

南海　黃垤華岱峰　原撰

開平　潘熹玫群合　參訂

錦田高步橋碑考索

稽原略卷九

錦田高埔村或稱高埗村，邑志作高莆圍，【註一】此碑則書作高步村。【註二】昔者有鄉道與錦田吉慶圍連接，中隔一水，為錦田河。康熙五十六年（公元一七一七年），嘗於覆船岡北側錦田河上，駕橋以便行人，事載於邑志。《嘉慶新安縣志》卷七

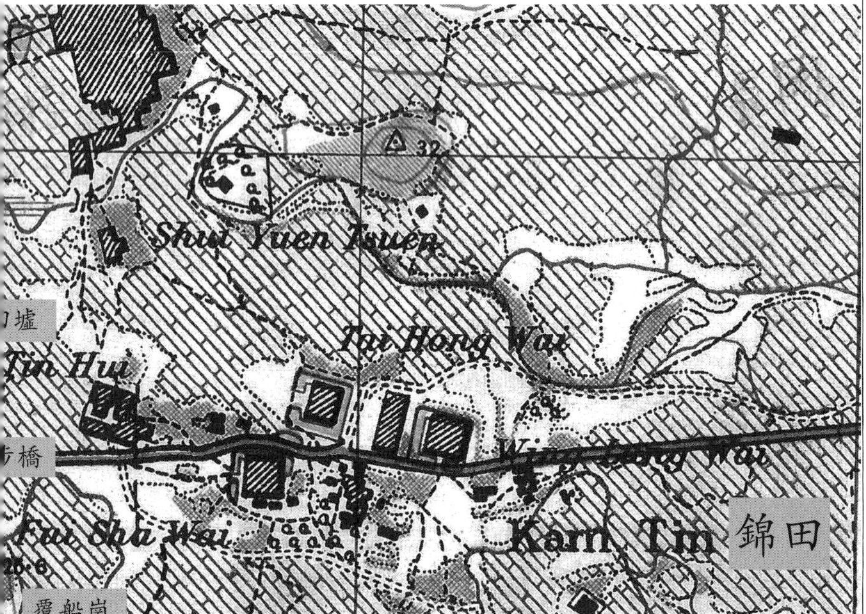

《建置略・津梁》：「高步橋在錦田之南，康熙年間鄉人建。」橋名曰「高步」，並於其畔勒碑一通，以紀其事。【註三】原碑於七〇年代前，已不見於錦田河邊，向亦未見有公諸於世者。

二〇一七年十一月，錦田鄉事委員會編印《錦田鄉事委員會暨錦田青年中心開幕誌慶特刊》，始於書中「古蹟名勝」欄內，載入《高步橋碑》一則，錄出其文，見原書頁五十九。惜

高步橋位置見於一九四九年版之 GSGS3868《香港地圖》系列第十幅。

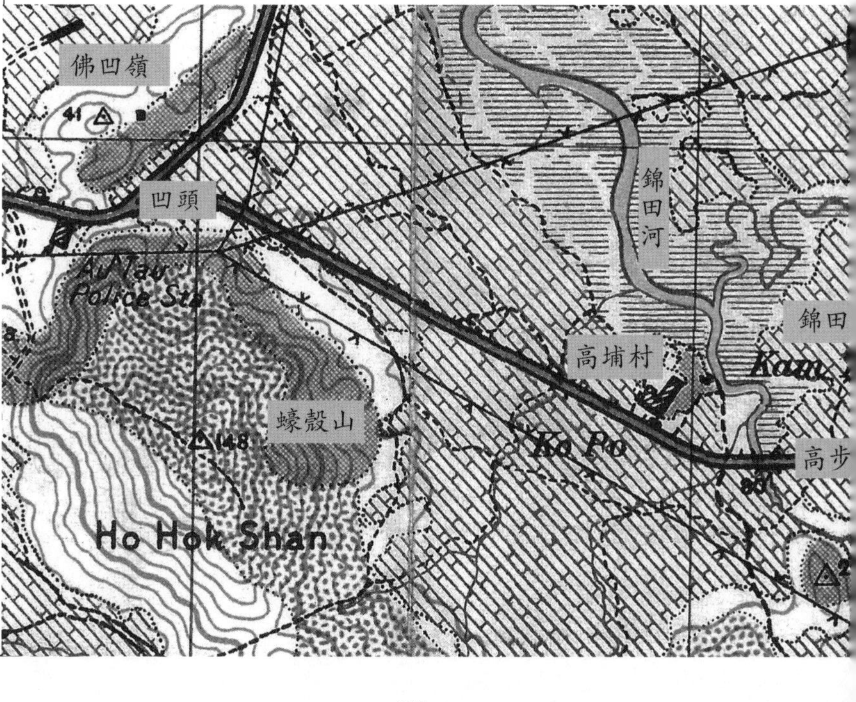

年代久遠，字迹剝落，殘蝕不全，莫能卒讀，因缺文頗多，僅可知其概略而已。

《特刊》中碑文之空格，究為何字，因未獲睹原碑，不可得而知也。碑文未悉為何人抄錄，其中可見之字，均未能據原碑逐一覆核，有訛舛與否，亦實難逆料，姑存之以作備攷焉。碑末紀年康熙五十□，缺去一字，幸繫以干支為丁酉，賴以得知立石當在康熙五十六年，即公元一七一七年，其修建年代，較橫跨錦水之便母橋稍遲七載耳。【註四】原碑今為鄉人所保存，其實應置諸博物館中，以供學人之研究與探索方為是也。【註五】此橋之修建，實有便於高埔村與吉慶圍兩地鄉民之往還，而與「鄉民可免跨越蠔殼山而往元朗」之説互不相涉也。【註六】概覽《特刊》所錄碑序，覺此碑只宜作歷史文物保存，其於地名之研究，則乏重要之參考價值也。

余乃立意，欲就原碑逐字摩挲，細讀一遍，後得悉原碑現放置於坳頭濾水廠附近，在鴉岡田壠中，即位四排石通白樹徑、涼水井之舊路旁，遂與潘女史熹玟前往訪之，時維二〇一八年四月十四日也。

既至，覩碑斜放於叢薄中，臨近水渠畔，其中文字，模糊不清，潘女史已準備就緒，携同粉末、毛刷、布條、清水等工具待用。自晌午始（約上午十一時），倚碑逐行逐字，進行細檢。時有村人溫強華夫婦，覩余等竚立碑旁，全神考察，乃主動趨前協助，取出家中小櫈，讓余等就坐，並提供飲料解渴，因得以方便細觀。余等遂以幼粉按字塗抹摩挲，時而以毛刷揩拭，時而以清水洗滌，雙手及衣履，瞬間盡白矣。如是歷午至晡，方克蕆事。待收拾停當，已是傍晚五時矣，乃將借出物品，歸還溫氏夫婦，並順作拜訪，垂詢此碑來歷。聞溫君言：彼年已七十八高齡，其妻鄧氏，乃前高埔村長鄧佳池之女，而現任村長鄧水倫君，即溫君妻舅也。並謂該碑原豎立於高埔村外錦田河畔，迨於七零年代，因當局推行新市鎮計劃，須擴建錦田公路及橋樑，佳池村長視此碑刻為至寶，不忍見珍貴文物，堙沒於荒烟野蔓間，乃決心予以保存，遂命其壻，操運輸業者，即溫強華君，將之移去，暫置於高埔村屬土，近紋頭石之鴉岡田隴中。其時溫君年僅三十餘耳。據稱該碑甚重，須盡八人之力昇之方可云。此碑《嘉慶新安縣志・藝文志》缺載，一九八六年出版之《香港碑銘彙編》亦未收錄，蓋築路遷碑前，香港博物館普查文物古蹟，編者猶未及親覩也。

歸後，整理所錄碑字，配合潘女史所攝圖像照片多幀，對懷疑之字，逐一進行核對，細檢之下，尚有未明之字凡二十五之數，尤以碑序正文末行為最，所缺者凡十一字之多。遂與潘女史約期再往，作二次撫碑辨字之行。

四月二十一日重蒞碑所，對所缺二十五字，重行逐一塗粉，摩挲細驗，並

筆者探索高步橋碑留影。

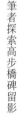

循文義斟酌，反覆推敲，細察殘破字型，並及支離筆劃，冀能作出評估其當為何字也。歷時久之，方漸有所得，幸猶能再補上缺文，甚感欣慰！然尚有七字漫漶不清，未能獲知其詳也。

茲將讀碑所獲全文，迻錄之於篇末，以供省覽焉。原碑序字體端楷，正文凡六行，前五行，行四十八字，後一行三十七字，再加落款及紀年兩行三十四字，都三百十一字，較《特刊》所錄者多出十字，因碑底尚有兩字，《特刊》脱漏，未有錄入，今已增補其闕。

【註一】《康熙新安縣志》卷三《地理志・都里》及《嘉慶新安縣志》卷二《輿地略・都里》均作高莆圍。

【註二】大埔墟亦曾書作大步墟，早有先例。

【註三】覆船岡參閱拙著《香港輿地山川志備攷》卷十四〈山嶺〉，又《香港山嶺志》頁八一及頁一五〇亦有述及。

【註四】便母橋建於清康熙四十九年（公元一七一〇），有碑記可稽。

【註五】 垤案：流經錦田平原者有南北兩大水，即碑文所云「予鄉有二水，……分繞南北」者是也。南者為錦田河，北者為錦水，即碑文所稱「南條一水」及「北條之水」，參閱拙著《香港山嶺志》頁一一八至一一九註文。

【註六】 以往錦田鄉人自吉慶圍往元朗，多循陸路西南行，經埔水頭、四排石登山，越坳門，下山經打鼓山南坡，沿通心坑，落荔枝園、掌牛山村、塘頭埔，抵大樹下天后廟，再泛舟以達元朗舊墟。昔日清初康熙年間，元朗大樹下河涌水滿，舟楫可通，能遠至元朗舊墟、橫洲及穿鼻滘等處。元朗舊墟開辦於清康熙八年（公元一六六九年），為曾任浙江龍游知縣鄧文蔚遷自大橋墪，見道光十七年（公元一八三七年）鄧英華撰《重建大王古廟碑記》所載。是故高步橋之建成，（康熙五十六年，公元一七一七年），亦為當時錦田地區前赴元朗舊墟之交通樞紐，其地位實甚重要也。

高步橋碑序原文點校附略註

《高步橋碑》橫額，楷書，碑序為新安縣儒學司訓盤有光所撰。茲將原文斷句，釐為三段，並加略註，全錄如下，其未明之字，則以□表之：

深厲淺揭（一），孰如雁齒（二）之堅完（三）？徒杠輿梁（四），必藉歲功（五）之建造。況土廣人眾，繽紛絡繹，其于水陸要津，而可無橋以為利涉資乎？予司鐸新安，通覽輿圖，邑之東，得山環水抱之秀者，則有錦田一鄉，寔大都會也。

（一）【深厲淺揭】《詩・邶風・匏有苦葉》：「深則厲，淺則揭。」《論語・憲問》三十九章引之，包咸《論語章句》云：「以衣涉水為厲。揭，揭衣也。」孫炎曰：「揭衣，褰裳也。」◎坙案：厲謂水深則連衣而涉，揭謂水淺則撩服以渡。

（二）【雁齒】喻橋之臺階也。張先《破陣樂・錢塘》詞：「雁齒橋紅，裙腰草綠。」今大埔林村白牛石之《仁壽橋碑》，勒於民國十二年，亦有「橋成雁齒」之句，見《香港碑銘彙編》第二冊，頁四六二，編號一四二。

（三）【堅完】堅固完整之意。沈括《夢溪筆談》卷九〈人事一〉：「今邢州城，乃（郭）進所築，其厚六丈，至今堅完。」

（四）【徒杠輿梁】《孟子・離婁下》：「歲十一月，徒杠成；十二月，輿梁成。」徒杠，可供徒行之橋，謂之行人橋。輿梁，可通車輿之橋，即今謂之車路橋。

（五）【歲功】指一年間有所收獲之事物。王禹偁《待漏院記》：「天道不言而品物亨，歲功成者何謂也？」

一日，門人鄧子紹周（一）來□（二）云：「予鄉有二水，其原此由西海，漸至邨前，分繞南北。其北條之水，已有便母橋，向者曾紀其成；惟南條一水，環屽（三）相呼，褰裳（四）莫濟。今吾鄉宗人，議欲造橋。有祖叔叔父俊元

（五）與我（六）等，□□眾言（七），用集眾腋，不惜捐貲。往歲催工砌石，今春役竣告成，請一言以記。」

（一）【鄧紹周】新安錦田人，恩貢生，載於邑志。《嘉慶新安縣志》卷十五《選舉表》載其為「乾隆元年丙辰貢，歷署連山、仁化、陽山教諭，授韶州英德教諭。」乾隆元年，公元一七三六年。

（二）【來□】來下缺文疑為『書』，書指函牘也。此字全為石屑所掩，已不可覩，經二次讀碑後，有三字仍未能解決，此為其一。據高埔村人言，古碑附近，因工程關係，嘗作爆石之舉，石屑四散，飛濺其間，亦有彈入碑中者，以此字適當其衝，故損毀特甚也。

（三）【岍】碑文用『岍』，即『岸』之異體。

（四）【褰裳】褰字甚漫漶，乍看似『眾』字，經多次摩挲，反覆審視，配合上下文義，方能辨識。『褰裳』，即以上所言之『揭衣』。杜甫詩《陪李七司馬皂江上觀造竹橋》：「伐竹為橋結構同，褰裳不涉往來通。」民國元年（一九一二年）荃灣《曹公潭普濟橋碑》，亦有「褰裳而涉浪濤」之句。

（五）【鄧俊元】新安錦田人，字冠常，據《錦田鄧氏師儉堂家譜》載，為鄧族廿五世支派，入粵起派為十九世。嘗於康熙四十九年（公元一七一〇年）建成便母橋，跨越錦水之上。《家譜》內附載其所撰《便母橋碑》全文。因便母橋爲鄧氏家族私造，故見於《家譜》，而高步橋則屬公建，集腋輸將，贊助者眾，非鄧族一家一人所能成全也，故《家譜》不載。

（六）【我】此字驟視之，幾誤為『兆』。

（七）【□□衆言】衆言之上兩字甚模糊，二度讀碑後仍未能解決。前一字，上下俱有一橫劃，甚為明顯，驟覘之頗似『亟』字。後一字，左旁漫漶不清，右邊為『周』，推估或為『調』字。

予因為之紀其事，且樂為之慶曰：橋既落成，則任潮長之盈盈（一），蓋往來之絡繹，皆得以拾級而前，高步而進矣，其何以名茲橋哉？則直名之『高步』可也。今而後，亦步亦趨，行之自（邇）（迩）者（二），其在斯橋乎？遵道遵路，如識通衢者，其亦由斯者乎？是為記。

廣州府新安縣儒學司訓加一級盤有光謹識（三）。

康熙五十[六]年（四）歲次丁酉□□吉旦立石。

（一）【盈盈】水滿溢貌。《古詩十九首・迢迢牽牛星》：「盈盈一水間，脈脈不得語。」民國元年（一九一二年）荃灣《曹公潭普濟橋碑》亦有「帶水盈盈」之句。

（二）【邇】碑文簡書作『迩』。

（三）【盤有光】，廣東德慶人，歲貢，康熙五十一年（公元一七一二年）任新安縣儒學訓導，載於《嘉慶新安縣志》卷五《職官志・訓導》。

（四）【康熙丁酉】，即康熙五十六年（公元一七一七年），故知缺文為『六』字。

右全錄《高步橋碑》之文，其中譌舛，在所不免，尚祈明達正之。

【附錄】高步橋碑刻原式

《高步橋碑》勒於康熙五十六年，即公元一七一七年，其修建年代，較橫跨錦水之便母橋稍遲七載。

原碑序字體端楷，正文凡六行，前五行，行四十八字，後一行三十七字，再加落款及紀年兩行三十四字，合三百十一字，較《特刊》所錄者多出十字，因碑底尚有兩字，《特刊》脫漏，未有錄入，今已增補其闕。

【實地考察兩次摩挲錄出碑刻原式】

（數字表原碑行數，方格乃經摩挲細驗後得知之字）

1 深[厲]淺揭孰[如][雁]齒之[堅]完徒杠輿梁必藉歲功之[建]造[況][土][廣]人[眾][繽]紛絡[繹][其][于][水][陸]
[要]津而可[無][橋][以]為利[涉][資][乎][予]

2 司[鐸]新安通覽[輿][圖]邑之東得山環水抱之秀者則有錦田一鄉寔大都會也一日

門人鄧子紹周來□云予鄉有二水其原

3 此由西海漸至郵前分繞南北其北條之水已有便母橋向者曾紀其成惟南條一水

環岍相呼襄裳莫濟今吾鄉宗人議欲

4 造橋有祖叔叔父俊元與□等□□衆言用集衆腋不惜捐貲往歲催工砌石今春役竣

告成請一言以記予因為之紀其事

5 且樂為之慶曰橋既落成則任潮長之盈盈蓋往來之絡繹皆得以拾級而前高步而進

矣其何以名茲橋哉則直名之高步

6 可也今而後亦步亦趨行之自迩者其在斯橋乎遵道遵路如識通衢者其亦由斯者乎是

為記

廣州府新安縣儒學司訓加一級盤有光謹識

康熙五十□年歲次丁酉□□吉旦立石

※※※　※※※　※※※　※※※

以下為二〇一七年十一月，錦田鄉事委員會編印《錦田鄉事委員會暨錦田青年中心開幕誌慶特刊》所錄有關《高步橋碑》原式。

1 深□淺揭孰□□□之□完徒杠輿梁必藉歲功之□造□工商□□□□□
□□□□□□津而可□□□為利□□（□□）

2 司□新安通覽□□邑□東得山環水抱之秀者則有錦田一鄉寔大都會也一
日門人鄧子紹周來□云予鄉有二水（□□）

3 □山面海□□□前分繞南北其北條之水已有便母橋向者□紀其成惟南條
一水□□□□眾裳莫□□□鄉□□（□□）

4 □橋□祖□叔又俊元與□□□□□□□集□腋不惜捐貲□歲催工□石今
春役竣告成□□□□□予因敬之□（□□）

5 且樂為之□曰□□□□□□潮長之□□□□□之□繹皆得□拾級而前高

步而進矣其何以名□□哉則宜□□(□□)

6 可也今而後亦□□□行□□□者□□□橋□□□□□□□□者其亦

□□□□是□記

□□□新安縣儒學司訓加一級盤有光謹識

康熙五十□年歲次丁酉□□吉旦立石

參考文獻

南海　黃坯華岱峰　輯

下列圖籍，均為著者師堯堂書室藏本，因篇幅關係，或未能一一盡錄，幸讀者諒之。

「*」號為著者《師堯堂藏書錄》新增條目，為舊目所無。

（甲）第一部分　考訂專著（古籍及其他）

一、經部

【尚書類・註解之屬】

尚書正義二十卷。

漢孔安國傳；唐孔穎達疏。

清刊《十三經注疏》本。

【詩經類・註解之屬】

詩經集傳八卷。

宋朱熹注。

粹芬閣舊刊本。

【四書類・合刻總義之屬】

四書集注讀本十九卷。

宋朱熹集注。
民國間銅版精印大字增圖本，出版處不詳。

【小學類・字書之屬】

字彙十二卷、卷首一卷、卷末一卷。
明梅膺祚輯。
清刻本，線裝十四冊。
年月缺。

康熙字典四十二卷、附篆字譜一卷。
清張玉書等纂。
臺灣啟明書局，影印粹芬閣藏本，精裝一冊。
一九六一年十一月。

【小學類・訓詁之屬】

廣東方言十六卷。（一名：廣東俗語考）
民國孔仲南撰。
上海文藝出版社，影印民國廿二年（一九三三年）南方扶輪社刊本，一冊。
一九九二年三月。

廣州語本字四十二卷。
民國詹憲慈撰。
香港中文大學出版社，影印手稿本，十六開本，精裝一冊。
一九九五年刊。

二、史部

【政書類・軍政之屬：邊政】

蒼梧總督軍門志三十四卷。

明應檟輯；明劉堯誨重修。

北京全國圖書館文獻縮微複製中心。

影印明萬曆九年（一五八一年）刻本。十六開本，精裝一冊。

一九九一年四月。

【政書類・軍政之屬：海防】

鄭開陽雜著十種全十一卷。

（其二）萬里海防圖論二卷。

（其七）海防一覽圖一卷。

明鄭若曾撰。

據《四庫全書》《文淵閣本》影印。

上海古籍出版社，一九九三年十二月。

垤案：《鄭開陽雜著》，為鄭若曾所撰之地理著述彙編。鄭若曾（一五〇三—一五七〇），字伯魯，號開陽，明崑山人。曾任胡宗憲幕僚，襄贊平倭軍事，故論述海防、江防，兼及日本、安南諸國事，要皆一己之耳聞目覩，故較翔實可信。書中所繪輿圖，尤為用思精緻。清康熙間，若曾裔孫刪汰重編，合為一帙，名曰《鄭開陽雜著》，凡十種。乾隆時收入《四庫全書》。本書僅採用其中之第一及第七兩種以作參考。

籌海圖編十三卷。

明鄭若曾撰。

遼瀋書社，影印明嘉靖四十一年（一五六二年）刻本，精裝二冊。
一九九〇年十月。

廣東海防彙覽四十二卷。

清盧坤、鄧廷楨同纂；近代王宏斌校點。
河北人民出版社，據清道光十八年（一八三八年）刻本校點排印。精裝一冊。
二〇〇九年十二月。

【時令類・月令之屬】

廣東月令一卷。

清鈕琇撰。
《檀几叢書・餘集》
影印清康熙三十四年（一六九五年）刻本。
上海古籍出版社，一九九二年六月。

【地理類・方志輿圖之屬：廣東】

嶺海輿圖一卷。

明姚虞撰。
上海商務印書館《叢書集成初編》三一二四。
垤案：《四庫全書》著錄，清錢熙祚收入《守山閣叢書》，此本乃據以排印。此書內容甚簡陋，所附輿圖亦欠準，對地名研究，參考價值不大，姑存其目，以備一家之言。

＋**【外一種】：廣州遊覽小志一卷（清王士禛撰）。**

嘉慶重修一統志（廣東部分）二十卷。

清穆彰阿等奉敕補纂，石印本，線裝九冊。上海商務印書館。

廣東通志（嘉靖本）七十卷、卷首一卷。
明黃佐纂。
據明嘉靖四十年（一五六一年）刻本影印。十六開本，精裝四冊。
香港大東圖書公司，一九七七年九月。

廣東通志（道光本）三百三十四卷。
清阮元等修。
據清道光二年（一八二二年）初刻本影印。
臺灣中華叢書刊本，精裝四冊。
一九五九年十二月。

廣東圖說九十二卷、卷首一卷。
清郭嵩燾等修；清桂文燦纂、清陳澧、鄒伯奇等繪圖。
清同治十三年（一八七四年）刻本。

廣東輿地圖說十四卷、卷首一卷。
清李瀚章等修；清廖廷相、楊士驤等纂。
清宣統元年（一九〇九年）十月廣東參謀處刊本。

廣東輿地全圖不分卷。
清張人駿修；清佚名繪圖。
清宣統元年（一九〇九年）刊本。

廣州府志一百六十三卷。
清戴肇辰修；清史澄等纂。

清光緒五年（一八七九年）刻本。

新安縣志（康熙本）十三卷。（深圳舊志二種之二）

清靳文謨修；清鄧文蔚等纂，近代張一兵校點。

據清康熙二十七年戊辰（一六八八年）新安縣衙刻本簡體字橫向排印。

深圳海天出版社，二〇〇六年五月。

坙案：此書所據底本乃北京圖書館藏孤本。

新安縣志（嘉慶本）二十四卷，卷首一卷。

清舒懋官修；清王崇熙纂。

清嘉慶二十五年（一八二〇年）刊本。

臺灣成文出版社影印本。

新安縣志（嘉慶本）二十四卷，卷首一卷。

香港長洲黃氏排印本。

東莞縣境圖一卷。

民國．佚名繪。莞城縣衙藏版。

石印本。線裝一冊，民國六年。

【地理類．方志與圖之屬：甘肅】

涼州府志備考三十八卷。

清張澍輯錄。

據陝西省博物館藏手抄稿本校點排印。

【附錄】西夏紀年二卷。

繁體字直排本。

西安三秦出版社，一九八八年八月。

【地理類・雜志之屬：廣東綜錄】

嶺表錄異三卷。
唐 劉恂撰。
上海商務印書館《叢書集成初編》三一二三。
據《聚珍版叢書》本排印，一冊。
民國廿五年（一九三六年）十二月。

十【**外二種**】：①**始興記一卷（劉宋 王韶之撰）**。②**南海百詠一卷（宋 方信孺撰）**。

南海百詠一卷。
宋 方信孺撰。

南海百詠續編四卷。
清 樊封撰。
香港大東圖書公司刊，影印清刻本，合訂一冊。
一九七七年九月。

嶺外代答十卷。
宋 周去非撰。
上海商務印書館《叢書集成初編》三一一九，
據《知不足齋叢書》本排印，二冊。
民國廿五年（一九三六年）十二月。

粵劍編四卷。
明 王臨亨撰。
據《玄覽堂叢書續集》刻本影印，
臺灣 廣文書局，一九六九年九月。

廣東新語二十八卷。

清屈大均撰。

據清刻本影印，十六開本，精裝一冊。

澳門萬有圖書公司刊，一九六八年。

嶺南風物記一卷。

清吳綺撰；宋俊增補；江闓刪訂。

據《四庫全書》（文淵閣本）影印。

上海古籍出版社，一九九三年十二月。

嶺南雜記一卷。（說鈴之一）。

清吳震方撰。

上海商務印書館《叢書集成初編》三一二九。

據《龍威祕書》本排印，一冊。

民國廿五年（一九三六年）六月。

嶺海見聞四卷，附錄一卷。

清錢以塏撰。

據清刊本排印斷句。

廣東高等教育出版社，全一冊，一九九二年五月。

垤案：《四庫全書總目》列入《採進書目》。

錢以塏（一六六二—一七三二），字閬行，浙江嘉善人。康熙二十七年（一六八八年）進士，歷官廣東茂名、東莞縣令，著有《茂名縣志》、《羅浮外傳》等。雍正十年（一七三二年）卒，年七十一。江慶柏《清代人物生卒年表》無生年及歲數，參原書頁六三〇。

+**【外一種】《黎岐紀聞》一卷（清張慶長撰）。**

嶺南叢述六十卷。
清鄧淳撰。
清道光乙未年（一八三五年）色香俱古室刻本。
線裝十七冊。

粵中見聞三十五卷、附記一卷。
清范端昂撰。
據清乾隆四十二年（一七七七年）一泓軒刻本排印斷句。全一冊。
廣東高等教育出版社，一九八八年七月。

粵東聞見錄二卷。
清張渠撰。
據清乾隆三年（一七三八年）刻本排印斷句。全一冊。
廣東高等教育出版社，一九九〇年一月。
＋【外一種】《南越遊記》三卷（清陳徽言撰）。

楚庭稗珠錄六卷。
清檀萃撰。
據清乾隆間原刻本複印。線裝一冊。
香港中文大學出版，一九七六年。

【地理類・雜志之屬：廣西】

赤雅三卷。
明鄺露撰。
據清乾隆五十九年（一七九四年）《龍威祕書》二集刻本影印，

臺灣新興書局，一九六九年二月。

【地理類・雜志之屬・香港】

香港地理不分卷。

近代蘇子夏編。香港商務印書館重印本。

二〇一五年。

垤案：本書簡介見《香港山嶺志・參考文獻》，原書頁二一八。

香江健行社採訪冊不分卷。

香江健行社山川探勝組編纂。

手鈔紀錄本，四冊。

一九六五年至一九八五年。

香江方輿稽原略二十卷、卷首一卷、藝文碑誌一卷、雜錄一卷。

近代黃垤華撰。

香港師堯堂藏本，未刊。

垤案：本書有局部抽印本，曾於八〇至九〇年代分期刊出，免費贈閱，公諸同好。《書序》曰：「……本書發軔於一九五八年，時余參加『庸社』，追隨前輩吳灞陵、黃般若、黃賢修、布達才、黃敬禮、李紹興諸君子，逢週日出發，涉足香江郊原，飽覽斯土勝概，復得以遠離塵囂，信可樂也！是故遊屐所經，境內僻海荒山，無遠弗屆，而旅途所歷，必為紀錄，積存既久，資料遂多，乃采集整理，以隨筆方式，分區編寫，撰述經年，寖而成帙，顏曰《稽原略》云。……書中所敘，舉凡風土掌故，里巷傳聞，古蹟名勝，庭園舊宅，梵宇琳宮，祠廟塚墓，山陬海澨，草木鳥獸，林林種種，靡所不談。信手書來，發乎自然，興之所至，不拘體例，遨遊之樂，實以致之，期與同道共享耳。……一九七二年歲次壬子陬月序於師堯堂。」

——節錄自《師堯堂藏書錄》・《史部》。

【地理類・山水之屬：水志（海道）】

中國江海險要圖誌二十二卷、卷首一卷、續編五卷、輿圖五卷。

民國陳壽彭譯。

堃案：陳氏所據原本為英國海軍海圖官局所輯之 *China Sea Directory*，初名《中國海方向書》，陳氏但取其專言中國濱海者譯之，書成後，更名曰《中國江海險要圖誌》。清光緒二十七年（一九〇一年）上海經世文社初版，為石印本。後又有光緒三十三年（一九〇七年）廣東廣雅書局重刊石印本。陳譯是書，凡三易其稿，歷時兩載乃告殺青。

陳壽彭（一八五七—一九二八？），字繹如，福建侯官人，生於咸豐七年，清末名士陳季同胞弟。光緒九年（一八八三年），壽彭遊學日本；光緒十二年（一八八六年）被聘為船政出洋監督，遊學英、法。其妻薛紹徽女史（一八六六—一九一一），為清末著名才女及翻譯家，載於江慶柏《清代人物生卒年表》頁八三六，而陳壽彭則付闕如。又陳氏卒年無考，約歿於民國十七年（一九二八年）間，年約七十餘。

——錄自《師堯堂藏書錄》・《史部》。

【地理類・山水之屬：水志（香港）】

香港水域航行胜錄三十三卷、卷首一卷（概說）、卷末一卷（參考文獻及地名索引）。

近代黃堃華撰。

師堯堂藏稿本，未刊。一九八〇年秋，曾以抽印選本若干冊，餽贈同遊諸君子共享。

堃案：此書原為三十三卷、卷首一卷、卷末一卷，共三十五卷，後調整為今本，適符舊本卷數。

《書序》曰：本書乃闡述香港水域之地理專著，舉凡海岸沿線，險礁荒嶼，考察所得，靡不收載，以備稽索。曩者每逢溽暑之月，例必邀集友儕，相約雇舟，泛遊於境內滄溟之間，藉以銷弭炎夏。既歸，乃以所見所聞，再檢覈導航之書，旁及方志海圖，相互印證，編纂紀錄，存作參考，久而成書，即此本也。內容所述，皆涉本境水域，北始沙頭角海，繼循港境東部，沿岸線南下，抵蒲臺諸嶼，復自東而西，歷鯉魚門、中門、汲水門、大嶼山、屯門，以迄後海、穿鼻滘。舟中航行所覩，凡兩岸風貌，遠近望山，皆己親歷。此古來荒陬海隅，今則舳艫如鯽，進出本境，穿梭遠洋，梯航萬里矣。原夫此茫茫海宇，其間島嶼沙礁，星羅棋布，曠古以還，固宛在也；然坊間載籍，汗牛充棟，顧亦未詳，斯乃本書之所由作也。綜上所述，凡海滋灣岬，縈迴島嶼，其名稱方位，本書皆為著錄徵載，旁及榜人、漁父、舵工、舟師之所言，固亦有可堪傳承者，又豈可以忽乎哉？要之，是書之作，但切實用，煩文不敘，意賅事確，俾覽者諸君，能增廣見聞，且奏耳目一新之效焉。是為序。

一九八〇年歲次庚申仲春之月，南海黃垤華岱峯識於獨鰲洋畔之師堯堂。

——節錄自《師堯堂藏書錄》．《史部》。

【地理類．輿地考訂之屬：香港】*

香港前代史不分卷。

近代羅香林等編。

香港中國學社，一九五九年。

垤案：本書簡介見《香港山嶺志．參考文獻》，原書頁二一九。

香港輿地山川志備攷二十五卷、卷首一卷、卷末一卷。

近代黃垤華撰。

本書乃據此稿本為藍本而寫成。

香港師堯堂藏本，未刊，尚待修訂，局部抽印本，曾於一九八六年刊行，惟印數不多，僅約三十餘冊，分贈友好。

垤案：本書原名《香江山川圖志》，後倣清人張澍《涼州府志備攷》之例，易以今名。內容所述，皆關乎香港本境之歷史與地誌，積累二十餘年之搜羅與整理，數易其稿，編纂而成，下限迄於八〇年代初。

——節錄自《師堯堂藏書錄》．《史部》。

海隅辨言四卷。

近代黃垤華撰。

香港師堯堂藏藁本，未刊。

坙案：《書序》曰：「僕僦居獨鰲洋畔，偃仰海山之秀，坐擁斗室書城，聊作自娛而已。偶或涉香港史地研究，探索其本末，每遇有紕繆或譌舛處，輒為摘錄，考訂參證，校正其非，積之既久，遂成斯帙，顏曰《海隅辨言》云。樵嶺布衣岱峯甫自識於師堯堂，壬申歲仲夏之月，時年六十。」

——節錄自《師堯堂藏書錄》・《史部》。

【目錄類・總錄之屬：家藏書目】

師堯堂藏書錄五卷、續編五卷、線裝古籍書目四卷、殘本目錄一卷。

另參考圖籍及輿圖目錄不分卷。

近代黃坙華編纂。

師堯堂藏手稿本，未刊。

坙案：《師堯堂藏書錄》初分甲編庚子本（一九六〇年）、乙編乙巳本（一九六五年）、丙編丙辰本（一九七六年）、丁編丁卯本（一九八七年），共四大冊。其後陸續修訂，重行調整，正編、續編及線裝古籍書目，均依傳統四部分類法，按經、史、子、集、叢書著錄，暫以每部訂為一編，條目內容，間或有改良增補。如史部補入『地理類・輿地考訂之屬』；子部增入『格致類』，內含『總論、博物、生物、物理、器械、地學、礦物、化學』諸屬，用以著錄有關自然科學之古籍，此皆為舊目所無。第以慮及庋藏之文史載籍，亦甚浩繁，未來計劃於分卷方面，應就各部子目之間，再作釐正，條分縷析，力臻至善，故卷帙當不只此數也。至於一般參考圖籍，則據賴永祥《中國圖書分類法》，按十進位排列著錄入目。

【金石類・郡邑之屬（廣東綜錄）：文字】

粵東金石略九卷、卷首一卷。【附錄】九曜石考二卷。

清翁方綱撰。

廣州石經堂書局。石印本，線裝一冊。
清光緒十七年（一八九一年）刊本。

【金石類・郡邑之屬（廣東羅定）：文字】

龍龕道場銘考一卷。

近代吳天任撰。
據民國四十四年（一九五五年）作者手寫稿本影印。
全一冊，七十一頁。

垤案：本書《自序》寫於民國三十六年（一九四七年），時作者寄寓廣州。羅定《龍龕道場銘》碑，刻於唐武后聖曆二年己亥（六九九年），已詳見本書《輞井編・輿地志・野外地誌》〔塘雁寮補錄〕註四中所述，茲不贅焉。

【金石類・郡邑之屬（香港）：文字】

香港碑銘彙編不分卷。

〔英〕科大衛主編。
香港博物館刊印，一九八六年。

垤案：本書由英籍學者科大衛主編，助編者尚有倫霓霞、陸鴻基等。科大衛（一九四七年生），原名David Faure，香港中文大學歷史系教授，為華南史專家。此書簡介已見於《香港山嶺志》附錄《參考文獻》中，原書頁二二〇，茲不贅引焉。

三、子部

【醫家類・本草之屬：歷代本草】

本草綱目五十二卷。
明李時珍撰。
《萬有文庫》排印本。
上海商務印書館。民國十九年（一九三〇年）。
此乃以往坊間通行本。

增訂嶺南采藥錄不分卷。
民國蕭步丹原撰；近代莊兆祥增訂。
香港現代中醫藥學院。
排印斷句本二冊。一九六三年。

【格致類・博物之屬：廣東】*

北戶錄三卷、附校勘記一卷。
唐段公路撰；唐崔龜圖注；清陸心源《校勘記》。
《叢書集成初編》三〇二一。
據《十萬卷樓叢書》本排印，一冊。
上海商務印書館，民國廿五年（一九三六年）十二月。

＋**【外一種】異物志一卷（漢楊孚撰；清曾釗輯）。**

【格致類・生物之屬：植物】*

南方草木狀三卷、南方草木狀圖六十幅一卷。
晉嵇含撰；清佚名繪圖。一冊。
上海商務印書館，一九五五年。
正文據《百川學海》本排印斷句，插圖據原冊頁影印。

南方草物狀輯註一卷。

晉徐衷撰；近代許雲樵輯註。

星洲東南亞研究所，新式標點本，一冊。

一九七〇年三月。

植物名實圖考三十八卷。

清吳其濬撰。

北京中華書局，新式標點插圖本，二冊。

一九六三年二月。

植物名實圖考長編二十二卷。

清吳其濬撰。

上海商務印書館，新式標點本，精裝一冊。

一九五九年十二月。

【格致類・生物之屬：水族】＊

閩中海錯疏三卷。

明屠本畯疏；明徐𤊹補疏。

《叢書集成初編》一三五九。

據《藝海珠塵》本排印，一冊。

上海商務印書館，民國廿五年（一九三六年）十二月。

＋**【外二種】：①蟹譜二卷（宋傅肱撰）。②然犀志二卷（清李調元撰）。**

【術數類・堪輿之屬：總論】

青烏緒言一卷。

明李豫亨撰。
《學海類編》集餘六《藝能》。
清道光十一年辛卯（一八三一年）活字版排印本。

地靈揭秘話香江不分卷。
近代譚耀華撰。
香港譚氏自刊本。
一九六九年七月。

【術數類・堪輿之屬：葬法】

葬經箋註一卷、圖說一卷。
晉郭璞撰；清吳元音注。
《借月山房彙鈔》刻本。
清嘉慶十三年（一八〇八年）刊。

【雜學類・雜考之屬】

夢溪筆談校證三十卷、附人名索引、分類索引等。
宋沈括撰；近代胡道靜校證。
據清光緒三十年（一九〇六年）番禺陶福祥愛廬刻本排印。
上海古籍出版社，新式標點本，二冊。
一九八七年九月。

【雜學類・雜説之屬】

五雜俎十六卷。

明謝肇淛撰。
上海中央書店鉛字排印斷句本。
民國廿四年（一九三五年）十二月。

【三教綜錄類・仙佛之屬】*

繪圖三教源流搜神大全七卷。
宋佚名輯。
葉德輝郎園刻本。
清宣統己酉年（一九〇九年）刊。

仙佛奇蹤七卷附無生訣一卷。
明洪應明撰。
還初道人著書二種之二。
《四庫全書》小説家存目二。
據月旦堂刻本影印。
揚州江蘇古藉出版社，一九九三年十月。

鑄鼎餘聞四卷。
清姚福均輯。
常熟劉廣基氏達經堂刻本。
清光緒己亥（一八九九年）刊。

四、集部

【總集類・謠諺之屬：廣東】

粵風四種四卷。
清李調元輯解。
《叢書集成初編》二九八八。
據《函海》本排印斷句。
上海商務印書館，民國二十五年（一九三六年）。

【別集類・唐代之屬：盛唐】

王右丞集箋注二十八卷。
唐王維撰；清趙殿成箋注。
北京中華書局排印斷句本。一九六一年八月。

杜少陵集詳注二十五卷、卷首一卷、附編二卷。
唐杜甫撰；清仇兆鰲注。
《國學基本叢書》排印斷句本，全四冊。
上海商務印書館，民國廿五年（一九三六年）十一月。

（乙）第二部分 徵引書刊

一、總類

【社會出版物：會所組織特刊（香港）】

錦田鄉事委員會暨錦田青年中心開幕誌慶特刊。
錦田鄉事委員會編並刊印，一冊（十六開本）。
二〇一七年十一月。

二、自然科學類

【博物：自然研究（香港）】

香港方物志。

葉林豐著。

香港中華書局，橫排本一冊。

一九五八年十一月。

三、應用科學類

【醫學：藥用植物】

香港中草藥（第四輯）。

莊兆祥、李甯漢主編。

香港商務印書館。一冊。一九八五年六月。

【航海：導航】

中國海航導，第一卷。

China Sea Pilot, Vol. I.

英國海軍測量局。（Hydrographic Department of Navy, London.）

英文版，精裝一冊。一九六四年第三版。

中國航海圖圖式。

Symbols, Abbreviations and Terms used on Chinese Nautical Charts.

十六開本一冊。北京中國標準出版社，一九九〇年十二月。

英國航海圖圖式。

Symbols and Abbreviations used on Admiralty Charts.
英國湯頓水文測量局。（Hydrographic Department, Taunton, Somerset）
英文版，十六開本一冊。一九七九年十月第四版。

四、社會科學類

【經濟：實業及生產（香港）】

香港漁農業傳承與轉變（上）漁業。
饒玖才著。
香港天地圖書公司，二〇一五年四月。

香港漁農業傳承與轉變（下）農業。
饒玖才著。
香港天地圖書公司，二〇一七年九月。

五、史地類

【地方史：香港】

香港的地名與地方歷史（下）。
饒玖才著。
香港天地圖書公司，二〇一二年三月。

【中國民族史：總論】

粵江流域人民史。
History of the People of South China.

徐松石著。
徐氏自刊，香港，一九六三年五月，全一冊。
徐松石（一九〇〇—一九九九，Rev. Princeton S. Hsu, M.A.），廣西容縣浪水鄉白飯村人，基督教傳教士。

【中國民族史：蜑家】

香港艇家研究。
日人可兒弘明著。
中、英文附插圖本。
香港中文大學新亞書院研究所，一九六七年十二月。
可兒弘明（可児弘明 かにひろあき，一九三二年生）日本千葉縣出生，知名日本歷史學家、文化人類學者。
慶應義塾大學名譽教授。

【地名考：香港】

香港地名探索。
饒玖才著。
香港天地圖書公司，一九九八年九月。

【地圖／方志：廣東綜錄】

廣東省海域地名志。
廣東省地名委員會辦公室編。精裝十六開本一冊。
廣東省地圖出版社，一九八九年九月。

【地圖／方志：東莞】

東莞市地名志。
楊明新等編輯。精裝十六開本一冊。
廣東高等教育出版社，一九八七年七月。

【地圖／方志：江門】

江門市地名志。
吳千真、馮萬江編輯。精裝十六開本一冊。
廣東省地圖出版社，一九九一年十一月。

【地圖／方志：深圳】

深圳市地名志。
蔡培茂主編。精裝十六開本一冊。
廣州科學普及出版社，一九八七年一月。

【地圖／方志：香港】

香港九龍新界地名志。
A Gazetteer of Place Names in Hong Kong, Kowloon & the New Territories.
香港政府編集。
香港政府印務局，一九六〇年。

港九地名志。
Hong Kong Gazetteer.

陶吉亞（Thomas R. Tregear）著。
香港大學出版社，英文版一冊。一九五八年九月。

【地圖／方志：中外綜錄】

香港地圖繪製史。

Mapping Hong Kong – A Historical Atlas.

哈爾・恩普森（Hal Empson）著。
香港政府新聞處，中、英文版，精裝一巨冊。一九九二年。

【遊覽指南：香港】

香港九龍新界旅行手冊。

吳灞陵主編。
香港 華僑日報社，一九五〇年。
此書簡介已見於《香港山嶺志》附錄《參考文獻》中，參原書頁二二三。

【傳記：人名辭典】

世界姓名譯名手冊。

本書編譯組編。
北京化學工業出版社，一冊。一九八七年六月。

【傳記：清代人物】

清代人物生卒年表。

江慶柏編。

北京人民文學出版社，精裝一冊。二〇〇五年十二月。

【考古】

香港元朗輞井圍鶴洲嶺遺址發掘報告。
莫稚、李子文編寫。
香港考古學會、廣東省文物考古研究所，一九九九年一月。

六、語文類

【語言文字：方言】

廣州話方言詞典。
饒秉才、歐陽覺亞、周無忌編著。
香港商務印書館，精裝一冊。一九八一年十二月。

簡明香港方言詞典。
吳開斌編。
廣州花城出版社，一冊。一九九一年五月。

客家話詞典。
張維耿主編。
廣東人民出版社，精裝一冊。一九九五年七月。

（丙）第三部分 關係輿圖

一、地圖

香港地圖 GSGS 3868（1:20,000），一九四五—一九四九年。

全套二十四幅，等高線間距：十米。

英軍部作戰處（War Office）繪製之《香港九龍新界地圖》系列，下同。

香港地圖 GSGS L8811（1:25,000），一九五八年。

全套二十四幅，等高線間距：十米。

香港地圖 GSGS L882（1:25,000），一九七〇年。

全套二十幅，等高線間距：五十呎。

香港地圖 GSGS L884（1:10,000），一九七一年。

全套六十四幅，等高線間距：五十呎。

香港地圖 GSGS 3961（1:80,000），一九四五年。

全套分南北兩幅，北幅：包含香港全境，南幅：南至檐竿山、二洲、北尖諸島，西至外伶仃、垃圾尾（桂山島）。等高線間距：五十米。

香港地圖 GSGS L681（1:100,000），一九五八年，公制版。

為香港全境圖（南北兩幅），等高線間距：五十米。

香港地圖 GSGS L681（1:100,000），一九七〇年，英制版。

為香港全境圖（南北兩幅），等高線間距：二五〇呎。

香港地圖 HM20C (1:20,000)（WGS84 座標網），一九九六年至最近。

全套十六幅，等高線間距：二十米。

香港政府地政總署測繪處繪製之《香港九龍新界地圖》系列。（公開發售）。

香港特別行政區 HM50CP（1:50,000），一九九八年。

香港全境（東西兩幅），等高線間距：五十米。
香港政府地政總署測繪處繪製。（公開發售）。

香港與鄰近地區圖 HM300C（1:300,000）
香港政府地政總署測繪處繪製，一九九三年版。（公開發售）。

香港郊區地圖：新界西北部（Countryside Series NW 1:25,000）
香港政府地政總署測繪處繪製，二〇一七年版。（公開發售）。

香港土地使用圖（1:80,000）
A Survey of Land Use in Hong Kong & the New Territories – with Land Use Map.
陶吉亞（Thomas R. Tregear）編製。
香港大學出版社，中、英文版，一九五八年三月。無等高線。
此圖以英軍部作戰處（War Office）繪製之 GSGS 3961（1:80,000）地圖為藍本加以改編而成。

香港分區地圖（1:1,000）
香港地政測量署。

廣東地圖 GSGS 4691（1:50,000），一九四九年。
全套一百〇三幅，等高線間距：二十米，其中包括香港全境在內。
英軍部作戰處（War Office）繪製。

二、海圖

英國海圖，編號三**四**三（1:50,000），**【汲水門至穿鼻水道】**（North Sheet）
等高線間距：五十米。
英國海軍測量處（BAHO CHART）海圖繪製系列，一九六二年。

英國海圖，編號九三**九**（1:50,000），**【大鵬灣】**，一九六二年。
等高線間距：五十米。
英國海軍測量處（BAHO CHART）海圖繪製系列。

英國海圖，編號六九六〇（1:50,000），**【後海】**（Sheet 1），一九五四年。

等高線間距：五十米。

英軍部作戰處（War Office）海圖繪製系列。

英國海圖，編號三三二九（1:14,530），**【大埔海】**。

英國海軍測量處（BAHO CHART）海圖繪製系列。

英國海圖，編號三五四四（1:12,140），**【印洲塘】**。

英國海軍測量處（BAHO CHART）海圖繪製系列。

後記

踏遍荒郊尋舊地，峯巒各異有其名，
窮源紀實留山志，不負先民愛土情。

這首七絕小詩佳什，不知出自哪位手筆？只知是在《香港山嶺志》出版後，此君閱讀本書，有感而賦詠出來。詩中最後一句，導出了鄉先輩們對家園的熱愛，對故土的留戀，而老師《香港山嶺志》(以下簡稱《山嶺志》)之作，正如詩中所說，沒有辜負了故老們這份真摯的愛土情懷。可是，老師卻慨嘆地說：「其實《山嶺志》中，仍存在着許多不足之處。」當我看到書中有多處老師的朱筆眉批，正是在出版之後，還有滄海遺珠的證明。

然而，從另一角度看，《山嶺志》中所記載的只側重在山川方面，而忽略了輿地那部分，對一個地區來說，就是沒有作出全面性的探討和敘述，沒有作完整性的披露和闡釋。老師有見及此，覺得與其只寫《山嶺志》，倒不如改寫《地理志》。因為《地理志》

比較完整，內容可以包括《輿地志》和《山川志》兩部分，可以兼收並蓄。將這兩大主體合併起來，再參考近年國內出版的許多有關地方志書的編寫模式，配合歷年在本地境內搜訪所得的大量地名資料，適用的保留，無關的刪削，不足的增補，再插入地圖和照片，編集成一部較完整而又有系統的書，豈不更好？所以，最後終於擬定：《輿地志》內容分為〔聚落地誌〕、〔人工建築〕和〔野外地誌〕，屬於普通地名方面；而《山川志》內容，則分為〔山嶺・埡口〕、〔河涌・溪澗〕和〔周邊海岸〕，屬於自然地名方面等。又將香港全境按地理位置分區，把有關地名資料載入，每條之下都撰寫詳細紀錄和說明，務求精益求精，然後公諸於世。

輞井、沙江位於新界西北邊陲，瀕臨后海，面對深圳市南頭、蛇口等地。沿岸一帶山脈全都是低坵，最高的望西岃也不過八十二米。尖鼻嘴周邊，至沙橋、流浮山範圍，政府早期已將這裏規劃成一半是海岸保護區，一半是康樂用途區，至今還未有大型建設計劃，所以依舊能保留着不少鄉郊景色，不像鄰近天水圍，數十年間，已演變成新市鎮，到處都是大型商場、高廈林立景象。

本書在編寫過程中，老師重新整理，把相關的資料按已定好的分類逐一錄入。由於資料都是經數十年長時間搜集和積累得來，故難免與現實環境有所偏差，為求準確地反映現況，有需要進行全面實地考察工作。在尋找過程中，發現不少地貌已面目全非，改變原因都離不開人為破壞，或來自天然災禍。就如原本是十里銀灘、水清沙幼的尖鼻嘴至白泥沿海一帶，據村民憶述，在未建深灣路之前，他們可以沿海邊徒步往流浮山墟，但至七〇年代中期，因興建獅子山隧道，加上建造業開始蓬勃起來，沙石物料需求殷切，經大量挖掘後，沙地從此消失，現在只剩下大片泥灘，周邊已被紅樹林重重包圍。與村老閒談間，憶述兒時在這片樂土上，他們碧波暢泳，仰臥沙上觀星，悠然自得，一派與世無爭的印象，如今仍在腦海中縈繞，留下了美好的回憶。言談間不時還流露着唏噓和惋惜！又時在八〇年代初期，一種名為『松材線蟲』入侵本境，原是滿佈松樹林的屯門、屏山一帶山地，因大範圍受到感染，松樹被摧毀，消失殆盡了，現在只遺留下芳草萋萋，和林木寥寥的景象，當時真貌，只能從『松芳嶺』、『大松山』等土名，或村老回憶中，才能得知原委。

同時，還有更甚的，就是本來是田疇和魚塘的地方，不少已變成廠房，或是露天停車場，又或興建了村屋。在考察過程中，不時遇到諸多阻滯，不是被惡犬攔路，就是遇上道途梗塞，不能通過，欲進不達，徒呼荷荷！幸賴老師早年訪問鄉先輩，所見所聞，紀錄完整，用以配合各類地圖、古籍和志書，都能準確地找出方位來。

又常聞老師教誨治學之道，必須實事求是，不能誤導別人。就如書中辯證〈塘雁寮〉一則為例，有人說成是甚麼『唐代遺址』之類，可見述古文章，切勿胡亂撰述，強不知而為知，那必須拿出實證，不然謬論一出，後果會影響深遠。

老師舊作《香港輿地山川志備攷》，包括了香港全境的二十五個區，內容非常豐富。本書的出版，只是選取其中第十六區『屏山』的一部分，率先刊印，這是由於原書篇幅浩繁，以後如條件許可，計劃陸續出齊。今次出版的只是其中一小部分。但為求盡善盡美，本書也將老師還未刊印的另一著作手稿——《香江方輿稽原略》第十卷《屏山篇》內有關該區的幾篇記述，附置於書內，以供讀者參照和分享，也不再作保留。

此外，書末還附刊一篇〈錦田高步橋碑考索〉。事緣於二〇一八年初，在本港旅行家郭志標先生引領下，看到距今三百年前的古碑——高步橋碑，回來後把這次行程始末告知老師。我們翻查資料，得知除《嘉慶新安縣志》和近期出版的《二〇一七年錦田鄉事委員會暨錦田青年中心新廈落成誌慶特刊》中有簡單紀錄外，再也找不到別的有關記載了。於是，老師和我決定相約前往，窮其究竟。初到當地，乍見碑中文字，漫漶不堪，難於讀取。在缺乏其他工具支援下，惟有採用白堊塗在碑石上，逐字摩挲，花上大半天工夫，才能把可辨識的碑字錄出。老師經整理考證後，將這次讀碑經過詳情，寫入了這篇〈錦田高步橋碑考索〉中，也不予保留，決定隨書刊出，與方家一同分享，一起探究，就算是拋磚引玉吧。

最後，衷心地感謝來復會何幼惠老師、陳卓老師為本書題籤。大埔碗窰馬貴村長提供有關植物的常識，令本書內容更豐富增彩。也一再鳴謝商務印書館協助出版，讓本書得以順利刊行。但願這本書能引起讀者共鳴，朝着這方向，共同把本境地方的土名發掘出來，承接中華傳統文化，共同保護先民為我們留下的珍貴歷史遺產。

潘熹玟 謹識　二〇二〇年

8

9

6

7

5

4

3

2

【地名索引】

按四角號碼排序